善書坊

如何面对一片荒原

——阿来读书札记——

阿来 著

陕西师范大学出版总社

图书代号：WX19N1064

图书在版编目（CIP）数据

如何面对一片荒原 / 阿来著. —西安：陕西师范大学出版总社有限公司，2019.8
（阿来散文集）
ISBN 978-7-5695-0914-4

Ⅰ.①如…　Ⅱ.①阿…　Ⅲ.①读书笔记—中国—现代　Ⅳ.①G792

中国版本图书馆CIP数据核字（2019）第127276号

如何面对一片荒原
RUHE MIANDUI YIPIAN HUANGYUAN

阿　来　著

选题策划	熊　莺　穆　涛
出版统筹	刘东风　郭永新
责任编辑	张　佩
责任校对	宋媛媛
封面设计	主语设计
出版发行	陕西师范大学出版总社
	（西安市长安南路199号　邮编710062）
网　　址	http://www.snupg.com
印　　刷	陕西龙山海天艺术印务有限公司
开　　本	880mm×1230mm　1/32
印　　张	8
插　　页	4
字　　数	170千
版　　次	2019年8月第1版
印　　次	2019年8月第1次印刷
书　　号	ISBN 978-7-5695-0914-4
定　　价	39.00元

读者购书、书店添货或发现印刷装订问题，请与本公司营销部联系、调换。
电话：（029）85307864　85303629　传真：（029）85303879

阅读唤醒了我对世界原初的感触

（代序）

我的创作之源是我的少年时代。虽然，在度过少年时代的那个叫作故乡的地方，我并没有听说过"文学"这个字眼。我的母语里没有。我的母语被认定为一种藏语方言，除了宗教语境之外，在这个只有口语而没有文字的语言中，一切文字表达都叫作"达斯觉"，就是文字的意思。而"文学"这个更趋于审美与咀嚼生活深意的名词还没来得及包含其中。

即便是这样，在我的少年时代，文学中最重要的那些内容已然发生。智识渐开时，与生活的美好及苦难相逢，看见美丽的自然与急剧变化的社会，而这些构成了一个独特的情感世界。这个世界里潜藏着那么多未解之谜。要再过好些年，直到我十四岁的时候，才第一次遭逢"文学"这个词。于是，那些少年时代的经验开始产生意义，开始尝试在内心解答被周围的文字世界忽略不计的询问与迷茫。

又过了八九个年头，到了20世纪80年代初，文学成为中国改革开放的先声，勇敢地担负起启蒙的重担。虽然我并不曾立即从那些诗歌与小说中得到关于人生与世界的直接答案，但这些作品给了我不同凡响的启示，使我觉得唯有文学可以解释我自少年时代就沉积心中未有答案的那些疑虑：个人与家庭苦乐的因由，地域的开放与闭锁，信仰的正道与歧路，以及过往话语未曾予以足够关注的地方性历史叙事。我想，如果有一天我从事文学书写，就会从这里开始；如果有一天我从事文学书写，肯定是因为，到我获得写作能力的那一天，还没有人用我期待的方式书写这个地域、这些人。那我将开始书写。

是这样一个简单的想法，让我开始大量阅读。阅读之后，是书写的尝试。开始是比较顺手的，但随即难度出现，超过了我的想象。把"我"当成书写对象稍微容易一些，但当这个"我"需要扩张成"我们"时，困难就出现了。最大的困难在于我进入的是一个从未被文学之光照耀的空白地带。我要书写的人们几乎从未用诗歌的语言呈现过自己的情感与理想，也从未在小说这样的文学方式中尝试探求人性的不同面向。

那些困难巨大到差点使我放弃文学书写。

当然，还有更开放更驳杂的阅读。人类的文学书写，在从狭窄走向宽广、从庸常超拔出诗意方面已经积累了丰富的智慧。我用审美的、思辨的文学之光，把我书写的那片地域照亮,把那些人照亮。这时我发现,少年时代那些原初性的经验是多么重要,而后来的行走、阅读与书写,把那些初始的来自身体的、来自情感的,而不是来自理念的感触与情绪唤醒。这种唤醒真是太重要了!它使得我在追求深刻时,还能保持纯真;在揭示复杂时,还能保持某种单纯。

在我写作的这三十多年时间里,中国社会急剧变化,这种变化最大的结果之一,是乐于表达乡愁的中国文学也很难回到往昔的故乡。但对我来讲,这样的结果并不令人惆怅。因为只要有少年时代那些身体性的记忆存在,只要有那些对世界的原初的感触存在,我就拥有一个完整的故乡。

目　录

001　我只看到一个矛盾的孔子
　　　——病中读书记一
006　善的简单与恶的复杂
　　　——病中读书记二
024　不是解构，不是背离，是新可能
　　　——病中读书记三
034　马尔克斯与《百年孤独》
058　以一本诗作为旅行指南
　　　——上篇：在智利
095　以一本诗作为旅行指南
　　　——下篇：在秘鲁
132　读卡彭铁尔《光明世纪》
142　从中国偷走茶叶的英国"罪犯"
　　　——读《茶叶大盗：改变世界史的中国茶》

148 一头煽动了鸦片战争的商业巨兽
　　——读《东印度公司：巨额商业资本之兴衰》

156 读亚历克西斯·赖特《卡彭塔利亚湾》

168 回首锦城一茫茫
　　——杜甫成都诗传

214 鸟类的悲剧是地域的，家族的宿命也是属于这个地域的
　　——读《心灵的慰藉：一部非同寻常的地域与家族史》

221 除了理性与感情融和的力量，我们更感到一个伟大科学家强大的人格力量
　　——读《爱因斯坦晚年文集》

224 一个成都市民读《成都调查》

234 一本书与一个人
　　——周克芹印象

239 《人间宋词》："莽汉诗人"的另类词话

我只看到一个矛盾的孔子
——病中读书记一

病痛使时间变得特别漫长。

特别是夜。灰昧不明，没有尽头，好像朝阳破云而出的时刻永远不会降临，世界从此陷入了黑暗。

也许，多病的作家写出绵长作品的原因就在于此吧。不由得想起写《追忆逝水年华》的普鲁斯特。不喜欢他的东西，最根本的原因可能就是不喜欢病。不喜欢病给人的状态，不喜欢散发着病痛气味的文本。

人不可能不生病，但我不喜欢病恹恹的文体，所以不会再去读第一次就没有读完的《追忆逝水年华》，也不会读才读了三页就极不喜欢的《尤利西斯》，那是另一种病，精神上的病。

所以，现在躺在病床上重读清新的《小王子》。

这次进医院也没带《小王子》这么轻松的、有真正幽默感的书,带的是另外两本。一本是《法国与德雷福斯事件》,看过同一套书的《黑暗时代的人们》和《科学精神的形成》,一套书如果编得好,彼此之间就会相互映照,相互生发。再一本,是几年前读过的李泽厚的《论语今读》。国学不热的时候,读过;现在国学热了,热得都不是国学本身了,就想再读读。因为孔子在流行读物中差不多成了一个心灵鸡汤的调制大师,是一个心理平衡术玩得很好的人——据大众媒体上那些搞廉价心理按摩的专家的说法。老夫子活在今天,不但可以办学收点束脩,还可以开心理门诊,给生活压力沉重、急欲逃离现实的白领金领搞心理咨询。

但,在我心中,他不是这样的。

在我的理解中,孔夫子是一个有理想的、有治国之术想要售与帝王家的人。所以,学生问他有一颗价值连城的好石头,是藏在很好的盒子里呢,还是卖给一个识货的商人。孔子连声说:"卖了吧,卖了吧!"(子贡曰:"有美玉于斯,韫椟而藏诸?求善贾而沽诸?"子曰:"沽之哉!沽之哉!我待贾者也!")

问题是想卖又卖不掉,这就造成了他人格上的矛盾。

有理想有抱负的时候他是可爱可敬的。他说:"笃信好学,守死善道。危邦不入,乱邦不居。天下有道则见,无道则隐。"

老夫子说：要信仰坚定，喜爱学习。不去危险的国家，离开动乱的国家。天下太平就出来继续售卖理想与治国之术，天下不太平就躲起来。这种世故和他自己说的"道不行，乘桴浮于海"的决绝就相互矛盾。

老夫子接着说："邦有道，贫且贱焉，耻也；邦无道，富且贵焉，耻也。"李泽厚先生翻的白话文是这样："国家好，贫贱是耻辱；国家不好，富贵是耻辱。"看看，他并不是一味地教育人们安贫乐道。而是说，世道不好的时候，人们用正当的手段，用正常的知识赚不到钱，所以，那是"邦无道"。

读《论语》，很多时候，就是在听一个抱负难展的人长吁短叹。

有诗意的时候，他会感叹"逝者如斯夫"。

也有讨厌的时候，比如《乡党第十》那些记述其举止做派的话。

更讨厌他说这样的混账话："民可使由之，不可使知之。"读到这里，便想将这书掷下了。

在官场上有小小顺利时，这个人也是很世故，很遵守官场礼仪的。

"入公门，鞠躬如也，如不容。"（李泽厚先生译文："孔子走进国君的大厅，弯着腰，好像容不下自己似的。"）

见了国君出来，"没阶，趋进，翼如也"。（也是李译：

"走完了台阶，快走前进，像鸟展翅。"）那个时代，他们这样的人都喜欢宽袍大袖，如果有点风，脚步又快，真会有点要飞起来的感觉吧。

依我理解，这些话，都是孔子教导学生要怎么措手足的。但他自己也是会这么做的，不然老师不会这么去要求学生。至少我们知道孔子这样的人，要求别人做到的，自己也是一定要做到、能做到的。

从来不相信什么儒学可以重新成为中国人精神皈依的那些昏话，也不相信断章取义加一些圆润轻浅的生发，就可以让国人焦躁的心脏得到熨帖的按摩。读《论语》倒让我明白，在一个有几千年历史的国度，知识分子从来就处于一种极度的矛盾当中，即便是为知识分子（士）立下许多道德原则的孔子本人，也不能例外。

《论语》当中说得对的地方，人们无从做到，倒是孔子指斥过的现象在一天天变本加厉。

也许外国人在这方面还坦诚一些，例如，生活在德意志封国众多时代（阿伦特称这样的时代为"黑暗时代"）的莱辛这样说："我没有义务来解决我所造成的困难。或许我的观念总是有些不太连贯，甚至显得彼此矛盾，但只要读者在它们中能发现一些刺激他们自己思考的材料，这就够了。"

我同意这样的话，我读《论语》，也就是在这么一种意义上了。

读这本书的时候，输液瓶高悬在架子上，药水一点一滴从管子中下来，仿佛一个古代的计时器，让白天与夜晚都变得漫长。药水进入静脉，奔向我病变的器官，就这样，我用三天时间重读了孔子的语录，而且相信很长很长时间不会再碰这样的书了。

现在，在床头待读的书是艾柯的两本"小记事"和莱辛两本关于非洲的书。2007年，莱辛在斯德哥尔摩诺奖颁发仪式上谈非洲谈得真好，所以，特别想看她怎么感受与看待非洲。

如果说生病有什么正面的意义，那就是让自己与好多无意义的事情隔绝，可以静心读书了，也可以让那些有意思的念头在心中生长了。

善的简单与恶的复杂

——病中读书记二

总体上说，多丽丝·莱辛算是一个温情的作家，而正是这种温情，使她部分写作显得单纯而复杂。英国女作家有单纯的传统，比如曼斯菲尔德——应该是二十年前读过，一个个短篇，具体的情节已经淡忘了，但那氤氲的温情与惆怅却仿佛成都冬天的雾霭，随时都可以降临身边。英国女作家更有复杂的传统，比如伍尔芙，但这个复杂并不是历史、政治或当下世相的复杂交织，而是女性主义写作所唤醒的，更有弗洛伊德以来的现代心理学为这种自我分析或者说自我深究所提供的方法。莱辛作为一个英国的女性作家，自然也不能自外于这个传统——或者说"潮流"兴许更为恰切一些。

准确地说，多丽丝·莱辛有时明晰简单，有时也复杂纠缠。

作为女性作家，当她用女性主义的方式写作，潜入主人公内心进行开掘时，她是复杂的，甚至是夹缠不清的。

可是当她的视野与笔触转向外部世界,特别是转向她度过了青少年时代的前英国殖民地南罗得西亚,今天的独立国家津巴布韦时,处理这种想来应该更加复杂的题材时,她倒变得清晰简单了。

我个人喜欢这个简单明晰的莱辛。

从对她作品的阅读,我相信,文本的简单不一定是作家才华或风格所致,而是出于信念的原因——坚定的信念使复杂的世相在其眼中和笔下变得简单。

当年,多丽丝·莱辛离开因民族独立运动而动荡不已的南部非洲,带着书写英属非洲殖民地的长篇小说《野草在歌唱》回到英国时,就因为清新、同情与明晰受到了广泛欢迎。我在十几年前读过这部作品。但是,清新的作家,明晰的作家,信念坚定的作家,不一定就是一个伟大的作家,不一定就能引爆潜在写作者的强烈创造力。所以,我们已经将这个人淡忘了。

多丽丝·莱辛是英国人,在大英帝国殖民地遍布全球的时代出生于伊朗,又随家人移民到非洲的南罗得西亚,生长于土地肥沃的白人农场。成人以后,作为殖民主义的既得利益者,她却同情当地黑人的独立运动和对土地的要求,离开了白人种族主义者统治下的国家。她离开的是自己视为故乡的国家,回到了英国,她父亲的故乡,她文化上的母国。

这样一种看起来足够复杂的经历,不由得给人一种期盼,期盼出现一种对反殖民主义浪潮下复杂世相与人性动荡的书写。但《野草在歌唱》并没有充分满足我这种期望。看这本书，某种程度上像是看一个文字版的《走出非洲》，且还没有电影那么深挚的低回与缠绵。那时候，我们多么喜欢复杂甚至夹缠的文体啊！——福克纳式，乔伊斯式，王尔德式，艾略特式，"新小说派"式，杜拉斯式。虽然有些时候，一些看似单纯天真的方式在不经意间就牢牢地抓住了我们，但我们还是将其慢慢淡忘了。直到2007年，莱辛才以诺贝尔文学奖获奖者的身份再一次回到中国读者视野里。

这时，我依然没有读她。

因为所有媒体和随着大流读书的人们轰轰然传说一本书（说她，当然是以说比较夹缠的《金色笔记》为多）的时候，我甚至有些刻意地回避，而去读着一些被流行阅读冷落的文字。直到生病住院时，有朋友送了几百块钱购书券来，输完液就去医院近处的人民南路书店。先买了几本海外学者研究中国的书，之后是奈保尔的一本新书《自由国度》。再在书架间巡行下去，就遇到莱辛了。通常介绍她的创作成就时都没有提到过的书，而且还跟非洲有关，就买了下来——《非洲的笑声》和《这原是老酋长的国度》。准备手术时，就把她和奈保尔的定为术前与术后要读的书了。《这原是老酋长的国度》是一个短篇小说集，并有一个副标题叫"非洲故事一集"。为此又跑了一趟书店，怕自己遗漏了二集或更多集。读了作者于1964年和1973年两次再版时的自序，才知道这本书原来是两个小说集的合集，也隐约知道，以后并没有再写下去。于是，就读她的短篇。第一篇《木施朗加老酋长》是白人农场主家一个天真少女和一个非洲土著酋长的故事：

> 同大部分白人农场一样，父亲的农场也只散布着几小块耕地，大块儿地都闲置着。
>
> ……
>
> 农场上的黑人也和那些树木岩石一样，让人无法亲近。他们像一群蝌蚪，黑黑的一团，不断变换着形状，聚拢，散开，又结成团；他们没名没姓，活着就是帮人干活，说着"是，老板"，拿工钱，走人。

故事中的少女就是这个父亲的女儿。从她出生以来一切就是这样，所以一切都天经地义：肥沃的土地，野生动物出没其间的荒野，众多的黑人仆役……

荒野是这个少女学习狩猎的地方。不上学的很多日子里，这个少女不像电影《飘》里的那些农场姑娘在有很多镜子的房间里整理各种蕾丝花边，而是这样子行动着："臂弯里托一支枪，带两条狗做伴"，"一天逛出去好几英里"。这是殖民者尚武传统的一种自然流露。

对一个有着敏感情怀的少女来说,荒野就是奇花异木的国度;对一个身体中流淌着征服者血液的少女来说,森林是一个狩猎的场所,更是家庭农场中众多仆役所来自的地方。

少女携枪带狗在森林中穿行,如果遇到黑人,他们会悄无声息地把路让开,尽管这个黑人不是他们家的仆役,但一样会露出对主子的顺从表情。但是,某一天,她遇到了一个不肯主动让路的黑人。她因此知道,除了在白人家充当仆役,在农场用劳动力换取一点微薄工钱的低贱的黑人,在她所不知道的更广阔的荒野里,还有着拥有自己的完整社会,有着自己的生产生活方式,有着自己的尊严的黑人。现在,她所遇到的三个黑人中就有一个是这片荒野的真正首脑,一个酋长。少女家由白人政府划给的广大土地,过去曾属于酋长的部落。

这次相遇,在少女眼前打开了另一扇世界之门。

那年她十四岁。"这是个万籁俱寂的时刻,是侧耳倾听的时刻","我看到有三个非洲人正绕过一个大蚁丘朝这边走过来。我吹了声口哨,把我的狗唤到裙边,晃荡着手里的枪向前走,想着他们会让到路旁,等我先过"。

他们没有给白人小姑娘让路。老黑人的两个随从告诉她路遇的是木施朗加酋长。

姑娘被黑人的自尊所震动,受震动之后,回到家里看书了。她看到了初到此地的白人留下了这样的文字:"我们的目的地是木施朗加酋长国,它位于大河北边。我们希望能够获得他的允许,在他的领地上勘察金矿。"于是,"这句话……在我心中慢慢发酵"。于是,"我阅读了更多关于非洲这个部分开发时代的书"。谁的开发时代?显然是白人来到这块土地探矿的时代,从欧洲来到这里定居,在原先酋长的领地上建起一个个农场的时代。

"那一年,在农场那块土著南来北往经常穿越的地方,我碰上过他(酋长)好几次。""或许,我之所以常去那条路上游荡,就是希望遇上他。他回答我的招呼,我们互相以礼相待,这都似乎在回答那些困扰我的问题。"

小姑娘有什么问题呢?一句话,这土地到底是谁的?很显然,白人农场的土地本来是酋长的。但在她出生长大以前,这土地就已经属于自己家了。对她来说,这个现实无从改变。但让她难解的是,为什么反倒是后来者高人一等,土地原先的主人反倒要过着穷困而且没有尊严的生活。小说中写道,木施朗加酋长的儿子,也就是土著部落未来的酋长就在白人农场主家里充当仆役(厨子)。

她不想也不能改变眼下的现实,但这并不妨碍内心对失去土地同时还失去尊严的黑人产生深深的同情。

小姑娘当然不能解决这些问题,这个世界也没有什么人很好地解决过这个问题。但因为问题盘旋在心头,她独自上路了,要去看看酋长残留的未被白人势力深入的国度。后来她勇敢地去到了那里,"那是林间空地上搭建的一带茅草棚屋群落"。在那里,她见到了被族人拥戴的酋长。但她想对酋长表示友好的话都没有说出来。刚刚抵达,她就对欢迎她的酋长说了再见。酋长自然也没有挽留。

再后来,故事就到了尾声,因为老酋长控制的村庄,被代表政府的警察宣布为非法的存在,一年以后,"我又去了那个村庄一次。那里什么都没有了"。"听说木施朗加酋长和他的族人被勒令向东移二百英里,搬到一个法定的土著保留地去了。那块政府所有土地不久将被开发,供白人定居。"

作者在自序中说,小说集是她的第二本书。写于20世纪50年代。那是个什么年代呢?作家说,在那个年代,种族问题对身处南部非洲现实中的人来说是熟视无睹的,而在这个小世界之外的大世界之中,对种族隔离制度的愤慨也还没有成为进步人士的共识——"进步人士良心的常规组成"——但她已经在小说中涉入这样的现实了。作家也无非是这样,关注到某种被大多数人有意无意视而不见的现实,表示出自己的情感(在莱辛就是一种深深的同情),如果公众、媒体与社会对此保持沉默,那么,对一个作家来说,也就仅仅是写下了这么一些文字。用我们语境里的话说,叫"对得起自己的良心"。很多高蹈的批评家经常号召作家干预生活，与社会保持一种"紧张的关系"，却没有深究过身边到底有没有这样的作品出现，而当有这样的作品出现时为何自己和读者与媒体一起陷入了暧昧的沉默。并且进而研究一下，在一种什么样的社会心态下，大家未曾预约却像预约好的一样陷入了这种沉默。作家写作如果有什么目的，我深信，其目的之一就是要唤醒人们基本的道德感。批评家应该多研究一点这种唤醒机制和唤不醒的原因，倒比自己爬到道德的制高点宣读空洞的判词要对这个世界有用许多。用道德评判来代替文学批评是批评家给自己营造的一个万全的堡垒。又安全，还可以不断往外放枪。唯一的缺点，里面空气不太好。因为道德这个东西也需要小心对待，一不小心，自身就腐烂了，使空气污染。

在我看来，道德感在作家的故事中潜伏着，比在批评家的判词中直接出现要好很多。就像在多丽丝·莱辛的非洲故事里所起的作用一样。

手术后第四天，举得起硬面精装、五百多页的书了，就开始读《非洲的笑声》了。这本书当然让人看到了南部非洲的某种现实，更让我看到了一个有良心、有道德的作家在这个复杂世界上的尴尬处境。

前面说过，多丽丝·莱辛离开了白人统治的撒哈拉以南非洲国家南罗德西亚。

这个国家历史很短,"1900年,南罗得西亚成为国家,举国上下一片明艳的粉红色"。

在此之前,远征那里的白人遇到了世居的黑人,"对英国人来说,必须把他们看成一无所知的野蛮人,唯其如此,才能把他们的一切归于他们的征服者"。由于这个原因,"从(20世纪)50年代早期开始,抵抗运动开始形成"。后来,战争爆发。"像许多其他战争一样,南罗得西亚独立战争原本不必爆发。这里的白人至多也就二十五万,我相信他们中的大多数会愿意妥协,同黑人分享权力",但这种理想的情形没有发生,黑人反抗了,战争爆发了,"战前,白人远非团结一心,可战争的激情让他们联成一体"。我想,黑人阵营也未尝不是如此。而像多丽丝·莱辛这样意识到战争是一个错误的少数人,则要面对自己人的仇恨、诬蔑甚至迫害。

而在另一边,"年轻男女只要够了岁数就逃离村庄,加入游击队"。"整整一代黑人青年,其中相当一部分都在游击队接受了教育,有时他们也学几句马克思主义口号,可真正把他们联系在一起的始终是对白人的仇恨。"1980年,黑人反殖民主义的解放战争取得胜利,一个新的国家津巴布韦诞生了。

多丽丝·莱辛在被白人统治的南罗得西亚禁止入境许多年后,于1982年立即动身前往这个换了主人也换了名字的新国家,并用非虚构的形式记录自己的见闻。她一定对这个新的国家怀有美好的想象。虽然很多此前就已独立的撒哈拉以南非洲国家的残酷现实对她肯定有一种警示作用，但是情感压倒了一切。人们总是希望有例外，总是希望自己的故乡在这个残酷的世界上是一个温柔的例外。如果上帝是一个常常疏于管理的农夫，那自己所在的这一国度应该是他精心佑护的示范田。当然，更重要的是，对人类最基本的道德感来说，在这片古老的土地上，失去了自己的土地与自由的人们从不义的白人手中夺回对这块土地的支配权是一件天经地义的事情。虽然说道德有些时候被道德家们弄得很复杂，但归结到每个人内心道德感的生发，却总是依从于人类生活初始时就产生出来的那种最简单，也最天经地义的逻辑。

所以，复杂的是，我们总是一面嘲笑简单，但同时感动我们的又总是那些没有太复杂动机的人与事。

多丽丝·莱辛也是这样感动我的。

作为一个始终对无偿地强力地占有黑人土地怀着负疚感的白人，当那个黑人国家一旦获得独立，她就奔向了那里。在书中她没有告诉我们她是否做好了面对失望的准备。但是那里的现实显然让她失望。或者说，那里的现实肯定要让她失望。

我们亲爱的女作家回到了这个新国家，却走不进黑人的世界，就像早年，那个少女去到木施郎加酋长的村庄，却无从交流，只寒暄几句就踏上归程。除了不顾别人的警告，偶尔让徒步的黑人搭搭顺风车,去书店买几本当地黑人作家的书来读,她依然和早年熟悉的那些经营着农场的白人们待在一起,回忆过去,或者和他们因为新社会,对新国家,对新领导,对黑人的不同看法而争论不休。

她看到,不是所有黑人都成了主人,没有掌握政权的当年不同派系的游击队成了恐怖分子,在劫持人质,以达到经济或政治上的种种要求。

她看到,"报纸上也不会说实话"。旧日邻居请她往伦敦打电话,是想知道在自己的国家刚刚发生了什么事情。

她看到,"野生动物几乎消失了,丛林鸦雀无声"。

她看到,物资匮乏。

她看到,那些这片土地的解放者成为大小官僚,办事效率低下。这些大小官僚俨然是这个国家的新主人,而大多数黑人,仍然生活在原来的位置上。所不同的是,原来,他们还可以将贫苦无助归咎于罪恶的白人,现在,他们却找不到理由反抗和自己同样肤色的新主子,而是眼睁睁看着"出现了一个被平民百姓嘲讽地称为'头儿'的新阶层"。

更重要的是,新政权并没有致力于民族和解。白人失去了政权,于是白人的世界对黑人封闭起来。黑人则在同一国度构筑别一个世界。不同族群的人,在精神与文化上完全分开,在同一平面上构成互不交叉的平行世界。

她离开的时候一定是非常失望的吧。作家没有写出她的情绪,而是继续怀着温情写她离开的时候,又怎么停下车,打开门,捎上两个黑人妇女,半道上又搭上了一个黑人青年。这是她在机场登机前做的最后一件事。这是她在不到两百页的篇幅中好几次写自己不顾别的白人警告而让黑人搭车的事了。她正是通过这种方式与不同的黑人接触来管窥与揣测这个新国家中黑人的状况。

流动的轿车是她观察一个国家、观察另一种肤色的族群生存状态的取样点。

有良心的人总是善解人意,总是往好的方向去想问题,而掌握大权者行为乖张的程度总是超过人们最坏的想象。即便到了2007年,在诺贝尔奖的获奖演说中,她还在说着有些天真的充满理解的话:"我站在门口望着满天滚滚的沙尘暴,我被告知说,那里依然有没有被砍伐的森林。……1956年,那里有着我所看到的最美的森林,如今全被毁灭。"但她迅速找到了原谅这种状况,对这种状况表示理解的理由,"人们得吃饭呀,要有燃料呀"。

我自己也出生在原始森林曾经密布的地区,以我的经验,敢保证森林的消失绝不是因为当地土著吃饭取暖那点有限的采伐。但有农场生活经验的她是这么说的。

六年之后,她又一次回来了。

她看到了什么?看到了所有坏的东西往更坏处去。她尽量在这个国家四处行走,想发现可以使人感到鼓舞的新东西。但她没有发现。新的国度上演的政治戏剧其实从来都很古老。所以,她发了感慨:"爱上一个国家,或者一个政权,实在是一桩危险的事儿,你的心几乎肯定会因爱而破碎,甚至会丢了性命。"她说得很好,问题是从来就不存在一个抽象的国家。国家从来都是由一个政权来代表的。

她看到,"状况很危险,是革命之后的典型"。"大批青年得到许诺,将拥有一切。为了那些许诺,他们做出牺牲,可到头来却是一场空。"

她看到,或者是人们不断告诉她,这个"国家腐败成风",但她还在辩解,说,"穆加贝也在努力"。

这次,她到了黑人的农村。她看到了童年时代的白人农场模式以外的农业。白人农场是具有规模效应的、技术含量很高的方式。而在黑人农村,穆加贝同志部分兑现了承诺的地方,白人农场的地被抢过来,划成一小块一小块分给了黑人。这样的农业运作方式,或许可以使耕作者温饱,但不可能有进一步的发展。南罗德西亚时代的农业是成功的。但是,津巴布韦的当政者没有借鉴这种成功的经验。

更重要的是,这种现实不会被真实呈现出来,因为在这个国家流行着两套语言:"一种是公开官方场合使用的语言,是一种自我保护;另一种是真正活生生的语言,承认第一种语言的虚假。""要是你能私下接触某位部长,你就会发现他们对实际局势都很了解。可当他和别的部长一起出席内阁会议时,或者出席某个委员会时,他不敢把自己的真实想法说出来。"另一个英国移民作家的话可能更精辟,萨尔曼·拉什迪说:"有两个国家,真实的和虚构的,占据着同一个空间。"

离开这个国家前,她回到了自己长大的"老农场"。"我被带到这里,从五岁起生活在这里,直到十三年后永远离开它。"

1988年,她再次离开,依然没有告诉我们离开时的心情。但是,1989年,她又回来了。是怕自己看错了什么吗?

这个在非洲算是自然条件和基础设施最好的国家,"从东到西,人们到处在谈论腐败"。

艾滋病开始流行了。"人人都意识到这个问题",但它只是一个人们私下里的话题,"它悬浮在谈话的边缘,刚冒个头,又自行沉了下去,它让人感到不舒服,仿佛谈起它就是在散布谣言,害怕会为此而受到惩戒。同时,在左派政治神话中……艾滋病毒是CIA制造出来的,目的是削弱第三世界国家"。

1992年,她第四次回来。

在这本书中,第一次回来时笔墨最多,然后,越来越简短。这一次,她回来,在五百页的书中只写了二十页。因为现状依旧,只是程度加深,更加匮乏,拥有特权者更加高高在上,更加腐败……书写这些现实,不过是让人更加绝望。多丽丝·莱辛在这本书中从不直接讲出自己的心情,这一次,她引用了别人给她的信中的话:"每当我想到独立时那些梦想,我就想为津巴布韦放声大哭。"也许,这也是她想说的话吧。

这次,她结束得很匆忙,确实也不必写得太多了。她终于在最后一个小节里谈到了农业(是想探讨一下穆加贝的革命事业失败的原因吗?),许多国家的立国之本。她谈到农场和农场主的存在本是津巴布韦农业成功的主要原因,但是革命者们总是如此——尤其是游击战出身的革命者更是如此,不愿意依凭前人成功的经验,特别是当这种经验来自自己的革命对象。正是这样的思路导致了津巴布韦农业的失败。须知这是一个未曾工业化的农业国,农业的失败就是这个国家的全面失败。

于是,"货币贬值了,现在津巴布韦元只值过去的四分之一,这让业已穷困交加的人更加走投无路"。那是1992年,到了2008年,"津巴布韦中央银行目前宣布,将于7月21日发行单张面额1000亿津元的钞票,以对付失控的通货膨胀。目前,津巴布韦官方公布的年通货膨胀率高达2200000%。但独立的经济学家认为实际数字更高"。

到作家去斯德哥尔摩领奖时,那里的情形就更糟糕了。看到一则访问,津巴布韦出租车司机希卡姆巴无奈地说:"是的,我是一个百万富翁,一个什么也买不起的百万富翁。津巴布韦现在遍地都是百万富翁。我们是一个盛产百万富翁的国家,但是我们也一无所有。"但她在获奖演说中没有再议论那个国家所有方面的情况,也许是不忍心,也许是真的感到议论对那里情况的改变毫无作用。一般而言,知识分子的议论对改善某些方面的情况会产生一些作用时,这个社会是一个比较正常的社会。但在一些极端的情况下,当国家政权被某些利益集团所把持时,议论是无足轻重的,也无助于情形改善。历史上曾经存在的极权政体与她所关心的那个国家的现实情形,都会让她明了这一点。在这种情形下,还有些行动自由的人会选择做一点在局部会产生些积极作用的事情。所以,作家在获奖演说中只谈她正在参与做着的事情:"我属于一个组织,它起始于把书籍送到非洲村庄里去的想法。""我自费去津巴布韦做了一个小小的调查,发现津巴布韦人想要读书。"她只说了这么一句委婉的表达不满的话。她说:"人们拥护值得拥护的政府,但是我不认为这符合津巴布韦的情况。"

　　读多丽丝·莱辛的那些日子,我整天躺在病床上,脑子里被激活的问题有足够的时间久久盘桓。在许多批评家那里,作家介入社会生活好像始终是单向的,仿佛那是一个巫师的祷神仪式,只须完成,而不须回应。但在我看来,一个正常的社会中,且不说文学介入的途径与形式的多样,作家介入社会生活更依赖于来自社会与公众的反响。即便是拉什迪那样被某个国家所通缉,在奈保尔看来,也是"最极端的文学批评形式"。但是,如果一个社会对这样的作品就像根本不曾出现一样不做出任何反应呢?就多丽丝·莱辛这个例子来说,我想她前一部作品肯定是在当时的社会中有所反应的,所以她才有热情去写《非洲的笑声》。但我想,非洲真的发出了笑声,用沉默——如果沉默也可以被理解为一种讥讽的无动于衷的狂笑的话。我想,一个作家写下一部关于南部非洲某个国家的书,并不是为了给远在万里之外的我这样的读者提供一个关于远方的读本——客观上它当然有这样的作用。更进一步说,当作家表达了一种现实,即便其中充满了遗憾与抗议,也是希望这种现状得到改善。但作家无法亲自去改善这些现实,只是诉诸人们的良知,唤醒人们昏睡中的正常的情感,以期某些恶化的症候得到舒缓,病变的部分被关注,被清除。文学是让人正常,然后让正常的人去建设一个正常的社会。

她获奖的一半理由是"用怀疑、热情、构想的力量来审视一个分裂的文明",而面对绝望的现实,始终保持着一份热情去关注、去审视是一件非常了不起的事情。所以,尽管她关于非洲的文字,关于种族问题,关于新生国家治理的文字都显得简单,但直到登上诺贝尔奖的领奖台,她的获奖演说,一直喋喋不休的还是那个国家的人与事,所以,我想,简单明晰的作家也可以是一个伟大的作家,换句话说,成为伟大的作家不一定要非常复杂。更直接一点说,小说的文体与文字,其实不必因现实夹缠而夹缠,因现实丑恶而丑恶,而中国的许多小说就是这样。因为美好,因为善本来就是极其单纯的,当有人要把一件事或者一些事弄得过于复杂的时候,我们就可以怀疑其动机了。

　　复杂,还是简单?这对作家来说是个哈姆雷特式的问题。很多人未曾动笔就先被问住了,而多丽丝·莱辛用作品做了很好的回答。

不是解构，不是背离，是新可能
——病中读书记三

一直想谈谈奈保尔，这位诺贝尔奖得主。但我不是因为诺贝尔而谈他。那么，是作为一个优秀的作家来谈他？如果是这样，不是还有更多被谈论过很多的优秀作家吗？被谈过的作家总是更好谈一些，甚至连作品都不必看，就可以根据那些谈论来谈。而拉什迪被翻译得够多，但至少在汉语当中，对他的谈论是很少很少的。想必是因为根据我们惯常的路数，这个人和他的作品是很难进行讨论的。但我想谈这个人已经很久了，只是总在犹疑，不能确定到底从何入手。这跟很多批评家不一样，也跟在网文后跟帖发表评论的一些网友不一样。他们都太肯定，太不是此就是彼。但我发现，当你认真思索，真想解决自己内心的问题，而不是简单表示立场与态度的时候，可能就会不断对自己提出疑问。

读过奈保尔很久了。

先是读他的短篇小说集《米格尔大街》。继而读到台湾繁体字版的《大河湾》。后来译林出版社出版了该书的简体字版，除译文有些区别外，书名也少了一个字，译成《河湾》。再后来，相继读他的"印度三部曲"。

那时就想谈他了，但一直没有谈，没有找到头绪。

年初病中，又重新把上述这些作品都集中起来，重读了一遍。而且，还增加了三种：《奈保尔家书》《作家看人》及小说集《自由国度》。而《作家看人》，准确地说是奈保尔这个人怎么看一些作家。

这更坚定了我的看法：这个人是有着独特的前所未有的认知价值的，他和诸如拉什迪这样的作家提供了一种全新的文学经验，但这个价值到底是什么，我并不确切知道。也就是说，在脑海中搜索已经储存起来的现成的文学经验与理论，都不能对这种价值进行命名或归纳。

直到今天，在重庆开一个文学方面的会议，在这样的讲坛上，差不多全部关于文学的讨论都是基于现成的文学经验与理论。听到不太想听的话题时，我就借故短暂离开一下会场。其间某次，我打算去外面呼吸几口新鲜空气。按下按钮，电梯降下来，降下来，一声叮咚的提示音响起，光滑的金属门无声洞开的那一瞬间，脑子里猛然一亮堂，做了这篇文章标题的那句话清晰地出现在脑海："不是解构，不是背离,是新可能!"

我知道,终于可以谈论他了。

我们如今的文学理论,先自把所有作家分成了两类。最大多数的那一类,在祖国、母族文化、母语中间处之泰然。比较少的那一类,或不在祖国,或不在母族文化,或不在母语中安身立命,竟或者几处同时不在,处境自然就微妙敏感。我属于后一类。三不在中就占了两处,常惹来无端的同情或指责。就在博客中,就有匿名的大概是身在母族文化又自以为母语水准高超者,潜隐而来,留言、提醒、教训。我的态度呢,不感动,也不惊诧。人家同情我流离失所,在外面的世界有种种精神风险。我呢,作为一个至少敢在不同世界里闯荡的人,对依然生活于某种精神茧子中而毫不自觉的人反而有深刻同情。这是闲话,打住。虽然如此,但文章之道还在于多少要讲些闲话。还是回到正题上来吧。

不想说前一类作家,关于他们已经谈得太多太多了。文学史以他们来建构,文学理论以他们来形成,当我们评述今天日益复杂的文学现状,所援引的尺度也全由他们的经验来标识。后一类作家是少数,但他们的数量在不断增加。不因为其他,只是因为时势的变化。全球性的交流不断增加,这个世界有越来越多的人脱离原先的环境(祖国、母族文化和母语)。起初,这样的离开多是出于被动,比如非洲的黑种人来到美洲,比如二战前后的犹太人逃离纳粹的迫害，以及冷战时期昆德拉们的流亡。但这种情形渐渐有了变化。这样的离开渐渐成为人们主动的选择。他们主动去一个陌生的世界——寄托了更多理想与希望的世界，重新生根，长叶。如果他们中的一些人开始写作，还会时时回首故国，但这种回首，与其说是一种文化怀乡，还不如说是对生命之流的回溯。这样的作家已经越来越多，其中许多已经具有世界性的影响，比如奈保尔。而且，这还只是一个开始，这样的作家将会更好更多。而我们对这一类作家意义的认识不仅不够，甚至有方向性的错误。这种错误就在于，我们始终认为，一个人，一个个体，天然地而且将不可更改地要属于偶然产生于（至少从生物学意义上）其间的那个国家、种族、母语和文化，否则，终其一生，都将是一个悲苦的被放逐者，一个游魂，时刻等待被召回。在这样一种思维定式下，无论命运使人到达世界的哪一个角落，如果要书写，乡愁就将是一个永恒的题目。但我时常怀疑在这样的表达中，至少在某些书写者身上，是一种虚伪的、为写作而写作的无病呻吟。我不相信提着公文包不断做洲际穿梭旅行，皓发红颜精力充沛地四处做文化演说的人有那么深刻真实的乡愁。真有那么深重的去国流离的悲苦，那么回来就是嘛。要么，就像帕斯捷尔纳克，就是外面给了诺贝尔奖也怕再不能回到祖国而选择放弃。我不是道德家，不会对人提这样的要求，也反感对人提这样的要求。我只是把不同的人两相对照后，生出些怀疑。无时不在文字中思念故国者去国悠游，偶尔回来说点不着四六的爱国话就被待如上宾，反倒是那些对母国现实与母族文化保留着热爱同时保持着自己批评权利者瘦死故乡。20世纪的西藏，就出过这么一位叫更敦群培的。本来从西藏南部去了异国，在那里接触到封闭的经院之外的语言，并从那异族的语言中感到思想的冲击，回头自然对经院哲学中僵死保守的东西有所批判，而且，还要回到西藏，在那个封闭的世界里去继续实行批判，结果遭受牢狱之灾，毁坏了身体。继而以佯狂放浪的方式，半是声讨，半是自保，结果身体更加不堪。西藏近代史上一位稀有的思想者，正当壮年的思想者，却因以身试法，在贫病交加中离开了这个他欲加以改造、希望有所变化的世界。

奈保尔则溢出了这样的轨道。

他的父辈就带着全家离开了印度。他出生时，和他家庭一样的印度裔的人，已经在那个名叫特立尼达和多巴哥的国家，在那个国家的首都西班牙港形成了自己的社区。他的表达精妙的小说集《米格尔大街》就是他多年后身居英国而回望自己的成长岁月时，对那个社区生活与人物的叙写。这本小说是我最喜欢的小说之一。笔调活泼幽默，描写简练传神，有豁达的命运感叹。但没有通常我们以为的一个离开母国的作家笔下泛滥的乡愁，也没有作为一个弱势族群作家常常要表演给别人的特别的风习与文化元素。因此，我就爱上了他。

他在《作家看人》中品评一个印度作家的时候，写道："在自传性的写作中，个人偏见会让人读来有趣。"这有趣是他颇为幽默的说法。而他真实的想法是"我感觉他困于网中"。为什么呢？"在关于加尔各答生活的近乎民族志学研究的那一章中，乔杜里利用这点取得了极佳的写作效果。"我没有读过乔杜里的作品，这么引用并不是赞同奈保尔对这个作家的评判，而是因为我个人的写作，有时也有这种民族志的眼光。但这种引证可以证明一点，《米格尔大街》中回避文化与故国之思，是一种有意的安排。后来，读到他回忆写作这本书的文字，更印证了我的看法。

他说："那本书写的是那条街的'平面'景象。在我所写的内容中：我跟那条街凑得很近，跟我小时候一样，摒除了外界。"

诺贝尔奖以这样的理由授予他："其著作将极具洞察力的叙述与不为世俗左右的探索融为一体，是驱策我们从扭曲的历史中探寻真实的动力。"

到他的长篇小说《河湾》和小说集《自由国度》，他的眼光已经转向了更广阔的世界。《河湾》起初还写了一点印度裔的人，在白人和数量众多的黑肤色非洲人之间的那种飘零感（因为小说的背景是非洲)，但很快，小说的重点就转入了对后殖民时代非洲动荡局面的观察与剖析。这是一种新的超越种族的世界性眼光,而不是基于一种流民的心态。这种方式在《自由国度》中表现得更加自由舒展。作为小说集中心的故事,是一对男女驾车穿行一个马上就要爆发动乱的非洲国度的过程与心态。如果小说中有所倾向,那也是人类共同的关于自由与民主的渴求的理念。在我们习见的经典文学表述中,作家都是基于国家民族和文化而有一个明确的立场。但在《自由国度》中,主人公在这种习见的基点上,与撒哈拉以南非洲并无关联,因此,我们习以为会毁掉一部作品的主人公与那些概念的疏离反倒提供了更多样的观察角度与更丰富的感受。套用苏珊·桑塔格的话,是新的时代造成了新的人,这些新的生存状况的人带来了新的感受方式。桑塔格把这叫作"新感受力"。当然,桑塔格所命名的这种"新感受力"指的不是我说的这种东西,而借用一下这个说辞也是基于表达的方便。也更说明,在全球化的背景下,时移势迁,"新感受力"的出现也是多种多样,而不只是其在纽约所指的当代艺术方式嬗变的那一个方面。

而在不大愿意承认这种"新感受力"出现的地方,这样的作家就会变得难以言说。还是借用桑塔格的说法,如果你要用旧方式去评说他,他就会"拒绝阐释"。

这个人的父亲离开了一次故国,他又从所谓第二故乡再次离开,却为什么没有那么多乡愁呢?如果我们希望他有,或者责难他没有，是他的错，还是我们过于"乡愿"的错？为什么我们不能对奈保尔们在自己处境中创造出来的新东西有"同情之理解"？为什么我们一定以为去国之后就一定更加爱国怀乡？为什么一定以为离开母族与母语之人一定悲苦无依？奈保尔在英国用英语写作，其实，很多身在印度的印度作家一样用英语写作，至少在泰戈尔的时代，情形就是如此了。

更离谱的是，这个人数次回到印度，用游记的体裁写了三本关于母国的书"印度三部曲"。大多数时候，他的语调都暗含讥讽，而且批评远远多于表彰和颂扬，绝望的情绪多于希望。爱国家爱民族的人们要愤怒了。听听这个人是怎么说的吧：

"独立的印度，是个早已被挫败的国家。纯粹的印度历史在很早前就结束了。

"印度于我是个难以表述的国家。它不是我的家也不可能成为我的家。

"印度，这个我1962年第一次探访的国度，对我来说是一块十分陌生的土地。一百年的时间足以洗净我许多印度式的宗教的态度。……同时，也明白了，像我这样一个来自微小而遥远的新世界社区的人，其'印度式'的态度，与那些仍然认为印度是一个整体的人的态度会有多么大的差异。"

这是他到达印度时候说的话。离开的时候他这么写道："一个衰败中的文明的危机，其唯一的希望就在于更迅速的衰败。"

在人类文明史上，这样的人，这样的言行无数次被判决过了：背叛！卖国者！大刑伺候！用大批判肃清流毒！对这一切，任何人都可以预见，所以他事先就发出了疑问："一个人如果从婴儿时期就习惯于集体安全，习惯于一种生活被细致规范化了的安全，他怎么有可能成为一个个体、一个有着自我的人？"

是的，我们非常习惯于那种道德的安全，而且时时刻刻躲在这个掩体后面窥测世界，甚至攻击别人。与此同时，在那个看上去庞大坚固的掩体后面，很多人正在以加强这种安全性的名义来不断解构。不是一些艺术家所声称的小打小闹的解构。而是以热爱的名义，坚守立场的名义，使人们对民族与文化的理解更僵死，更民粹，更保守，更肤浅，更少回旋余地，因此也更容易集体性地歇斯底里。相较而言，奈保尔们的工作倒有些全新的意义，显示了一种新的有超越性的文化知识的成长。

就在两天前，我作为华语文学传媒大奖的前一届得主陪新得主苏童去某大学演讲，规定的题目叫"个人史与民族史"，我就结合奈保尔的介绍谈到个人史在现今社会有时会溢出民族史。这时就有年轻人起来诘问，那些挟带着一个个有力问号的句式，一听就知道其自以为占着某种道德的优越感，我不忍用同样的语气回驳一个求学时期的年轻人,耐心回答的同时,在心里暗想,他从教材里学到的是多么正确而又渐渐远离了现实的东西啊!

奈保尔还说过这样的话:"我这一辈子,时时不得不考虑各种观察方式,以及这些方式如何改变了世界的格局。"

我们得承认,这个世界真的出现了一些新的"格局"。在这些新格局之下,不用解构什么,也不用背离什么,自然而然,就会生长出新的人。新的人多了,以他们为土壤,就生长出了新的文化,或者,有了成长出新的文化的可能性。

马尔克斯与《百年孤独》

今天在中国文坛上,不能不谈马尔克斯,不能不谈《百年孤独》,一个原因当然确确实实是因为马尔克斯在当年的出现像福克纳的出现一样,从叙事学以及文学观念方面,革命性地刷新了我们关于小说的看法。像我这样,从20世纪80年代开始写作的人,过去接受的文学是非常有限的。纵不接传统,横不受世界文化的影响。所以,文化禁闭之门一打开,不论是中国传统的经典,还是当代外国文学作品,都让人惊艳。中国文学传统的影响,不会那么直接,因为其间有一个文言文与白话文的区隔。但外国文学就不一样了,翻译成白话文进来,没有语言上的阻隔,加上所书写的都是现当代社会生活,反而能引起更多的共鸣,带来更直接的启示。当然影响的层面有深有浅。就说马尔克斯吧,有些人模仿那个著名的句式,得其皮毛;另有人则更进一步,要问问马尔克斯这样的作家在那个社会所出现的原因,去研究体味这样一种文学现象,从这种现象得以发生的原因中得到启示。

现在的中国文坛有一个毛病,往往热衷于一个话题,却很少真正深入这个话题。以马尔克斯为例,很多人没有认真读过马尔克斯,也没有认真体味过《百年孤独》这本书。但这个人和这本书就成为一个公共话题。大家都谈马尔克斯,谈《百年孤独》,谈魔幻现实主义。其中一些人是真正有所会心;更有一些是因为别人在谈,自己并没有特别的感触,但谈这东西时髦,所以也要谈。但无论如何,这算一件好事,因为大家是在谈文学,没有谈别的。

今天我也不能免俗,我也来谈谈这个人,这本书。我分成两部分谈。

第一个是我怎么看马尔克斯和《百年孤独》,以及其人和作品背后所代表的拉丁美洲。从20世纪40年代开始、50年代、60年代、70年代,拉丁美洲的文学来了一次全球性影响的大爆发,被称为"拉美文学爆炸"。魔幻现实主义成为这次文学爆炸中影响最大的一个文学运动。马尔克斯在我看来则是这次文学运动的最高峰,是这个文学流派的集大成者。

第二个,如果说马尔克斯影响了一些中国作家,比如像我,那么这种影响是在什么样的层面,是以什么样的方式发生的,这才是重要的。但这些年,即便是批评界,也只是简单指认谁谁受了影响,如何影响却语焉不详。还经常有人挖苦说,中国作家学魔幻现实主义就学会了一个句式:"多年以后,当某某上校面对行刑队伍枪口,想起了……"这固然是事实,但这是事实的全部吗?

我二十多年前读《百年孤独》,当时读了两遍不止。因为当时在武汉到重庆的上水轮船上,当年这要差不多一周时间。以后我没有再读过。家里的这本书也找不见了。今天谈这个话题,昨天在机场买了一本,也来不及读完,才翻翻两三处地方,飞机就落地了。

就说那个开头的句式吧,做浅表模仿的人,开头用一下就不用了。可在《百年孤独》中,这一个句式是重要的节点,每当小说发生重要的时间更迭、发生重要转换的时候,这个句式就会出现。这有点像西方交响乐当中的主题的旋律,一句两句,总是会在进展到一定的时候出现,造成一唱三叹、循环往复的效果。但那些直接模仿这种句式的人几乎都忘记了后面的照应与回响。当年在江轮上读这本书,那么缓慢漫长的旅游中,确实让我想了很多问题。

那时候也不是第一次读外国当代文学,之前那些从技法到观念都很新锐的东西对我本人确实起了很好的作用。刚才说,我在二十世纪六七十年代上学,又出身于边远乡村,所受文学教育非常有限,即便是有限的接触,也是当时流行的那些东西。这样的阅读首先是把过去的文学影响中那些不好的部分逐渐排除掉,同时养成新的文学观。在这过程中,靠什么东西呢?就靠两种文学。一种是中国的古典文学,另外一种当然就是西方外来的文学。外来文学似乎又有两个方面。我们这代人没有受到过人道主义、启蒙主义的教育,那些18、19世纪的作家托尔斯泰们、雨果们对我来讲就非常重要。那是关乎思想的底色,是关于人与社会的基本观念。而西方当代文学,当然也包括马尔克斯们,又用各种新的技法和新的观念表达刷新我们的思想与感官。但不管受到西方文学影响有多么深,你使用的这个语言,你使用的这个文字还是中国自己的,还是中国声音,还是中国形体。那么,要对这种语言文字的表现力有充分体悟,光是"五四"以来的白话文文学那点经验是远远不够的。我个人尤其重视对中国古典诗歌和散文的阅读。因为中文除了表意以外,在文字安排上,对于形体,对于它的声音,所暗含的某些东西是有刻意经营的。我们好像正在忘记中文这样一个特点,尤其是在网络时代到来以后,正在把这种语言变成一种粗劣不文的真正的白话。我们必须充分注意中文声形意皆具的特性,这跟世界上别的拼音体系的文字有本质性的区别。这也是它的长处所在。

现在说回西方现代文学。我自己读现代派文学是从意象派诗歌开始的,象征主义,荒诞派,新小说派,意识流。这些不同流派,有些注重技术性,有些重在颠覆性的观念。比如意识流不是没有观念的东西,但确实给我们带来的更多是技术上的启发。像卡夫卡这样的作家则带来的更多是观念性的东西。所以,魔幻现实主义出现在面前的时候我们已经有所准备了,这时读到《百年孤独》,我自己既兴奋,又惊艳。但同时也知道它绝对不会是无因无果地凭空出现的,而是一定有它的原因,有它的前世今生。那时,我还主要从事诗歌写作,那时我真正在学习的是惠特曼和聂鲁达。那时只偶尔写过几个很不像样的短篇小说,但主要兴趣还在诗歌上面。也许正因为如此,读到《百年孤独》时,才没有急于去做表面的模仿,而是有功夫去弄清楚这样一本杰作何以会出现,去慢慢弄清楚一部杰作得以创作出来的来龙去脉。

因为过去接触西方现代文学的经验告诉我,马尔克斯和《百年孤独》的出现绝不可能是一个孤立的偶然的随机性事件,而应该是某种社会思潮文学思潮发展的必然。我为什么强调这个?好些年来,无论是媒体、读者,甚而学术界批评界,都是看见了一个花斑就说看见了整只豹子。在谈到拉美的文学爆炸或者魔幻现实主义这种文学流派的时候,就是只见树木,不见森林。好像拉美文学就是一个主义,魔幻现实主义;这个流派就是一个作家,马尔克斯;马尔克斯就是一部作品,《百年孤独》。于是,就把与拉丁美洲独立运动连接在一起的拉美文化意识觉醒、摆脱殖民文化色彩、寻求自身文化风范,探索对拉美现实的认知与表达的全新途径的一个轰轰烈烈的文化运动,简化成一个孤立偶然的文学现象。在这一点上,批评家也不能自以为高明,而去嘲笑那些简单模仿是多么肤浅,因为他们在对魔幻现实主义进行理论阐释时,也差不多同样简单。如果是这样,当然既说不清楚马尔克斯,也无法厘清《百年孤独》对中国文学产生了什么样的影响,以及这样的影响是如何发生的。如果对《百年孤独》这本书,对马尔克斯这个人,都缺乏一个全面的认知,还要试图来论述其如何对中国文学产生了什么样的影响,显然是一个难以达成的任务。

前面说到,那时我还没有认真写小说,却又受到这本书的震动,使得我可以慢慢做一点研究性的工作,回溯一下这个文学现象,追问为什么会在那样一个国度,在那样一块大陆上出现。那个时候主要的兴趣是诗歌,拉美大陆上也有一个我特别喜欢的诗人,聂鲁达,到今天为止他还是我最爱的两个外国诗人之一。当时读过《百年孤独》后就再没有碰过,昨天才又在机场买了一本。但聂鲁达的诗歌每过两三年,我就会把一些篇章拿出来重读一下。前些天得到去智利讲说文学的邀请,就更是在读了。

我就把当时能够找到的书,大堆关于拉美文学的书,翻译成中文的拉美文学的书,各个文学流派,各个作家,都读过了。现在那些书的封面样子我还记得。

比如马尔克斯最早的一个中短篇小说集是上海译文出版社的，其中就有《枯枝败叶》《没有人给他写信的上校》这些篇目。当然也看了他的其他长篇。比如《一桩事先张扬的凶杀案》和《族长的没落》。而后一本现在又有新的译本，译名为《族长的秋天》。这样，就看到马尔克斯的写作，也是一个逐渐攀顶的过程，越来越得心应手的过程。比如，从《迷宫里的将军》中还可以看到他对别的作家的学习和模仿。后来看他的文章也不否认这样的事情。

那时，我首先想看的就是拉美除了马尔克斯之外还有谁在用魔幻现实主义的方式写作。结果发现可以拉出一大堆拉美作家，拉出一个长长的书单。比如古巴的卡彭铁尔，他的小说《人间王国》至少是最早使用了魔幻现实主义手法的作品之一。墨西哥有个作家叫富恩特斯，也是同样的写法。他的长篇小说《阿尔特米奥·克罗斯之死》，也被视为魔幻现实主义的杰作。还有一个墨西哥作家胡安·鲁尔福，他前期写的小说完全是现实主义笔法的。那时有一个他的小说集的译本《燃烧的平原》，写墨西哥乡村的事情，不是古典田园牧歌的乡村，而是现代性冲击下的破产的乡村。拉美这些国家工业化比中国要早，二十世纪大概五六十年代、六七十年代农民已经开始大量向城市转移，离开农业，失去土地，进入大城市，沦为只有劳动力可以出卖的无根的人，有人逆来顺从，有人走上反抗的道路，甚至拿出枪参加游击队。他那些小说是简练的、冷静的、白描的。但是，就是这个鲁尔福，有一天笔锋一转，写出了一个中篇小说《佩德罗·巴拉莫》。一个人，他母亲是从乡村进城的。母亲临死前告诉了他家乡在哪里，父亲是谁，他就上路回乡去寻找父亲。他找到那个村子，却已是一片废墟，一个人都没有了，但当他坐到黄昏的时候，村里人又一个一个冒出来了。这些人都是在这个破产的村子里生活过的人，都是一些鬼魂。一群鬼魂表演自己已然成为历史的乡村生活。这是魔幻现实主义的笔法。鲁尔福发表这部作品的时间是1955年。那时，马尔克斯还在墨西哥城里做记者，同时为广播电台写广播剧。略萨也写广播剧。看来那时广播剧比较热，是不是有点像今天写电视剧？略萨在小说《胡利娅姨妈与作家》中对这种生活状态有很细致的描绘。马尔克斯写过一篇文章，说当年他在墨西哥城的出租屋中做着文学之梦，一天，有一个朋友拿来一本薄薄的小说，扔在他面前，说，哥们，活就要这么干！小说就要这样写！并说，这种写法确实给了他很大的震撼。

这说明一件事情，至少马尔克斯不是发明魔幻现实主义这种方法的人。针对一个文学运动，我们只有弄清楚怎么发生、怎么壮大的这么一个过程，再向其学习的时候，才能领会到更本质、更内在、真正能改变我们文学观念的，提升我们文学品质的东西。我慢慢读这些书，才知道魔幻现实主义小说出现的时间，还可以继续上溯。早在1930年，阿斯图里亚斯就写出了被称为拉美第一部魔幻现实主义色彩的小说《危地马拉的传说》。在这部小说中，过去被西班牙殖民者、被天主教文化百般打压几至湮灭的印第安神话被发掘出来，焕发出迷人的光彩。那时，阿斯图里亚斯和这个世界上的很多文艺青年一样，在巴黎生活。接着，他又写出了长篇小说《总统先生》。这部小说的最终发表时间已经是1946年了。紧接着他又写了长篇小说《玉米人》。后来，阿斯图里亚斯就靠魔幻现实主义小说取得的成就获得了诺贝尔文学奖。我没有记错的话，他得诺奖是1967年。

其实，从马尔克斯的一些作品，比如《迷宫里的将军》等小说中完全可以看到《总统先生》的影响。这固然是因为小说对象都是拉美各国相继出现的军事独裁者，因为那是拉美各国共同的现实、共同的命运。但几乎相同的表现方法也是清晰可见的。《百年孤独》也在表达这样的现实，但很多讨论者都被那绚丽的笔法所吸引，而忽略了背后隐藏的深刻的现实政治内容。一是对独裁的反抗。马孔多的人最初是要抵抗政府派来的里正，后来发动起义，他们在反抗什么？二是对来开香蕉种植园的美国人的描写。他们高高在上，在城中开辟出独立高尚的社区。马孔多的繁荣是因香蕉而起，当跨国公司将产业投资转移到别的地方以后，这个地方就衰落了。马孔多不止一个人面对行刑队的枪口。谁的枪口？起义者面对的是独裁者的枪口。我们读《百年孤独》，迷惑于那独特的修辞，背后这些内容却没有读出来，就学到一点花里胡哨的技法，而不是去思索这样的风格如何造就和形成。

大家只要去读读马尔克斯在诺贝尔颁奖典礼上的答谢词，就该清楚魔幻现实主义所产生的原因。这个我放在后面再讲。

现在我们还是继续来回顾魔幻现实主义这个文学运动。那时，比马尔克斯出现更早的还有出版于1949年的小说《人间王国》，其也是魔幻现实主义笔法的。作者是古巴人阿莱霍·卡彭铁尔。说到这里，一个有意思的情况出现了。一个阿斯图里亚斯，一个卡彭铁尔，这两个人，他们文学观念发生变革的时候，都待在20世纪30年代的巴黎。那时，海明威也待在巴黎。那是全世界的文艺青年都要去巴黎的年代。这两个人就待在巴黎，而且或多或少参加了当时的超现实主义文学运动。当时参与超现实主义文学运动的人不只文学界，还有美术界。有法国小说家阿拉贡，诗人艾吕雅、阿波利内尔。还有一些画家，后来在这个方面成就最大的是毕加索。毕加索一生画风有几次转变，最后变成超现实主义大师。

超现实主义文学要干什么呢？有一个理论家叫布鲁东，他写有一篇这个运动的宣言。大家有兴趣可以找来看看。总体意思是说，现实主义的文学不行了，照相式的模仿现实不行了，要写出一种更高级的现实,就是超现实。阿波利内尔说过一句更形象的话,原话我记不准确了。意思是说,表现走路有两种方式,一种用腿,这叫现实主义,现在有了另外的行走方式,轮子和翅膀,这是超现头,现在我们要超现实。这是一个比方,后面的意味大家可以领会。谈可以这么谈,但是真要写出想象中的东西其实很难。如果不要现实,超现实又是什么?往外走找不到,那就往里走,梦境啦潜意识啦,太个人化了,写出来别人不懂。本来要超现实,写出来的东西却像是在逃避现实。怎么激发这些东西呢?还是艺术家的老三样:性、酒精、再不行就上毒品。但这样干了还是不行。现在看来超现实主义文学算是一个很特别的革命性的文学观念,但在它的发源地法国没出什么好作品,倒是在美术界造就了一个像毕加索这样的大师。造型可以随心所欲,但是用文学表达这样的意思确实太难。

中心组的主要成员没有找到出路,跟着在外围玩玩的这些人,像阿斯图里亚斯,却得到启发。回想在印第安神话当中、民间故事当中神神鬼鬼的东西太多了,人间和灵间是没有界限的,何况现实政治更是光怪陆离,原来用不着到巴黎学习,我们只须把我们这种东西写出来。

那时的拉丁美洲刚刚从西班牙的殖民统治中摆脱出来,有了那么多国家。整个南美洲只有巴西是葡萄牙的殖民地,别的从墨西哥一路下来的所有地方都是西班牙的殖民地。民族国家独立前后一定有一个政治意识的觉醒,用后殖民理论来说就是身份意识、文化认同的重新确立。原来都是以西班牙人为荣,现在不是西班牙人了。原先都跑到马德里去看看首都的人,现在在写什么,说什么。

但当他们不再是西班牙人,而成为智利人、哥伦比亚人、墨西哥人、古巴人,就有了新的政治身份、文化身份的认同。过去西班牙本土流行什么写什么,他们就跟着干什么。而马德里的人又不认,说你们这些野蛮地方来的人,怎么能理解我们高雅的文化?而这个时候,独立运动以后,文化就相当具有政治性的诉求,就是要发出拉丁美洲自己的声音,不能再学西班牙人说话,要用我们自己的腔调说话。

这也是知易行难。因为谁都不知道什么腔调算是拉丁美洲自己的文化腔调。找来找去,都没找到。之前,拉丁美洲只有一个人得过诺贝尔文学奖——女诗人米斯特拉尔。一个人恋爱失败后终身未嫁,但是写了一大堆缠绵悱恻的爱情诗。没有爱情,但是永远渴望爱情。那种风格,跟老欧洲并没有什么区别。但接下来就不一样了,反殖民运动以后首先是文化意识的觉醒、政治身份的觉醒,这两个东西一旦觉醒就要寻找自己独特的表达,而且在表达上还要急于跟原来殖民国区分开来。文化也是政治,一些人常说文化不要政治,这个就是政治,文化有时候是比政治还大的政治。找到自己的声音就是伟大的政治。最后是两个在法国待过的人，受超现实主义观念的影响，结合了拉丁美洲被压制的丰富的印第安传统，来反映拉丁美洲本身就荒诞不经的现实，而取得了巨大成功。过去西班牙人要疯狂灭掉印第安这种美洲的本土文化，现在他们承认印第安文化才是拉美文化的灵魂。那些神话太汪洋恣肆了，那些民间传说太超现实了。在巴黎，那么多天跑去吸毒达不到，在酒吧里喝得烂醉达不到，跑到妓院冶游也达不到；而这些东西就在他们的拉丁美洲天然存在，等待他们去书写，去发现。

拉丁美洲独立了，但期待中的美好社会并未出现。上台执政的往往是军事强人，他们几乎都成为新的独裁者，其残暴程度、贪婪程度甚至超过原来的西班牙统治者。这也是殖民地国家独立后的普遍命运。这样的情形，放在法国也就是超现实。对这种现实的批判性描绘，《百年孤独》是，之前的阿斯图里亚斯的《总统先生》是，卡彭铁尔的《人间王国》也是。马尔克斯不止一次表达过这样的现实，《百年孤独》之外，还有《迷宫里的将军》，还有《没有人给他写信的上校》。这位等信的上校参加革命，立下军功，他在等什么信？他当年参与推翻西班牙殖民者的斗争，他的领导上台了，把他忘记了，他等了几十年，没有等来新政府落实他退休金的那份通知。须知他还是上校，不是普通士兵。这里头都是政治，但是人家用文学化的方式写。

中国文坛流行一句话，大家应该都听到过，或许也跟着说过。怎么说的呢？说"还写什么啊，现实本身已经超出所有的想象了"。我相信说这些话的人也说过马尔克斯，也谈过《百年孤独》。但当他们同时又说出这种话时，说明他们没有读懂马尔克斯，没有读懂《百年孤独》。拉丁美洲当年那个现实，比之今天世界的荒诞之处，如果不是有过之而无不及，那也至少是异曲同工。但他们的文学界似乎没有人说过这样的话，而是一门心思考虑如何表达这样的现实。昨天我读到一个网上消息，一个深圳的富婆被人骗了一百多万。有个人跟她说老子是乾隆再世，活了三百多年了，封藏了巨额财宝，只是忘了确切地点，需要勘探，拿点钱给我做开发费用，这富婆就给他了。这个事情不是挺魔幻的嘛，刚刚发生的。中国文坛有这么一种论调出现其实也很魔幻。全世界的负责任的文学都要寻找表达现实的路径。但我们有些人，说小说不行了，不能表达现实了，现实超过我们想象了。这到底是何缘故？拉丁美洲的现实荒诞到那样一个程度的时候，马尔克斯们只是感觉到传统的小说方式是反映不了这种荒诞的，但是可以创造一种新的形式，这个形式就是把法国超现实主义和印第安文化的神话，两相结合，一碰撞，产生一个新的东西。这个新东西叫作魔幻现实主义。

一个老母亲要死了，和他儿子说我这辈子对不起你，你没有父亲，也没有故乡，现在我要死了，把你的故乡在哪里和你父亲是谁都告诉你。然后这个儿子就上路去寻找故乡，寻找父亲。每到一个地方就问，你认不认识我父亲？结果人家告诉他，那个人也是我的父亲。原来，他父亲是地主恶霸，有点姿色的女人都不放过，全村子有好多他的儿子。但是这个村子在跟我们今天类似的城市化过程当中，逐渐衰落，最后这个恶霸也难逃大势，死去了。这个儿子终于回到他故乡的村子。但村子空了，一个人也没有，房子都塌了，院子里头长满了荒草杂树。但他到底是找到自己家乡了，父亲是个坏人，还不在了。家乡一个人都没有了。他就在那里面对废墟沉思，感伤。黄昏的时候村子复活了，好多人都出来了，整个村子全是鬼魂。通过这种场景，重现乡村逐渐凋敝破产的过程，这就是《佩德罗·巴拉莫》，这就是魔幻现实主义。

马尔克斯是在墨西哥城的出租屋里读到这部书的。我去墨西哥的时候，曾想去看看那房子，但没有人知道在什么地方。当年，他朋友拿了这本新出版的书来，扔在他面前说，活儿就要这么干！小说就要这样写，过去那些方法不行了！马尔克斯曾经说过，他有两个文学父亲，一个是福克纳，一个是鲁尔福。文学一步一步往前走，同一个文学流派，在内部也有一个不断积累经验的过程。鲁尔福好不好？好。阿斯图里亚斯得了诺贝尔奖，他写得好不好？也很好。但应该说，还是没有马尔克斯的《百年孤独》好。但同时要看到，没有他们在先，《百年孤独》就不可能出现。《百年孤独》里有一笔，写到一个海盗，这个人就是在卡彭铁尔的小说里出现过的。马尔克斯是用一种隐晦的方式，向先行者致敬。今天，中国电影模仿别人的构思、桥段，不说是抄袭，反说是致敬。朋友们，致敬不是这样的。我听见"致敬"因为其被无道德的滥用而哭了。

魔幻现实主义了不起，虽然受到超现实主义文学的影响，但它是在超现实主义失败的地方取得了巨大成功。国人想超越现实，写出的作品其实是逃离现实。什么潜意识、白日梦诸如此类，最后变成一个没有社会意义的个人化写作。今天很难有人记得超现实主义，记得布鲁东的文学主张，记得这些文人为了一种艺术突破，在巴黎过着那样一种生活。这也是西方现代派文学面临的一个困境，革命者不是都能成为建设者。

说来也很奇怪，拉丁美洲的这些作家，阿斯图里亚斯，包括马尔克斯，他们就不一样了。他们从超现实主义中得到启发，知道要写出比一般现实更高级的现实。结果，他们的作品非但没有脱离现实，而是更深刻地揭示了现实，表面是魔幻的，内在还是现实主义所主张的那种揭露社会、批判社会的精神，只是发明了使用了新的技巧和方法。一个人拖着一块磁铁来，把金属品都吸附过去了。这本来是科学的，但马孔多人不知道这个原理,情景就变得魔幻了。热带雨林地方的人没见过冰雪,所以,当有人拿来了冰,马孔多的小孩去摸这块冰,感觉是"把我烧了一下",本来是冷,但小孩说是被烧了一下,这也就魔幻了。其实就是夸张了的放大了的陌生经验。仔细分析一下,你看魔幻多还是现实多?诸如此类吧。小说里说有小孩长着猪尾巴,其实小说里也写了,原因是近亲结婚。这也是可以证实的科学。古人在没有科学命名的时候就懂得科学。

你把一个一个东西慢慢剥开,无论表面多么魔幻,其实都是在揭示现实。

不光是魔幻现实主义,我对任何一个文学流派、文学运动的理解,都是通过读书一点点读来的。美国批评家布鲁姆天才地指出一种普遍的文学现象,叫影响的焦虑。批评家知道这个,急于指出某作家某作品受了谁的影响,但这种指证常常过于粗放过于匆忙。当影响的指证停留在这样一个层面上时,作家则会予以否认。我也是被指认受魔幻现实主义影响的作家中的一位。我的态度是既不承认也不否认。为什么?指证者没有说清楚这个影响到底是如何发生的。

我没有上过大学,但始终在读书。我读书的方式,就是从一个点开始,一点一点扩展。我相信很多人读书比我多,但是我还敢在这里讲讲我的读书心得,这是因为我对自己读书的路数还有些信心。当年单从一本《百年孤独》开始,就想把这个文学流派的来龙去脉弄弄清楚,不光是读文学,还读了拉丁美洲国家的一些历史、宗教、经济方面的书。因为这都是魔幻现实主义这片文学森林生长的真正土壤。比如马尔克斯同时代的一位记者写的《拉丁美洲被切开的血管》,就讲跨国公司是怎么通过资本运作,在当地开发资源。这种开发都造成所在国家暂时性的经济繁荣,就像马孔多的香蕉公司一样。但当这个资源消耗殆尽,或者说随着市场变化这些资源失去了开发价值,跨国公司就走人了。开采矿产就留下破碎的山河大地。以前我去过拉美几个国家,当时我看那儿还不错,大概就是中国20世纪90年代的样子,在墨西哥上大学都是免费的,当地人告诉我,他们的社会发展到这个程度已经有几十年了,但是,从70年代以后,就是漫长的停滞。造成这种停滞的原因很多,但最主要的,就是国家的政治治理,以及全球性流动的资本所致。

最近我还要去智利和秘鲁。对我来说,智利就是诗人聂鲁达的智利,秘鲁就是略萨的秘鲁。那边的大学叫我准备演讲题目。我说就讲聂鲁达和略萨。或许有人会说这不是班门弄斧吗?我说是讲学生对老师的心得。聂鲁达对我来说更是如此,虽然我不写诗三十年了。我很早就读略萨的《城市与狗》《绿房子》和《酒吧长谈》,虽然也是写拉丁美洲,但不能说略萨就是魔幻现实主义,他有自己的路子。拉丁美洲文学在寻找自己的声音、自己的表达方式的时候,也不光是魔幻现实主义一条路子。马尔克斯们是一条道路,还有聂鲁达这样的大师他们都发出自己的声音,还有帕斯这位墨西哥诗人,也发出了自己的声音。他们的声音是大声音。佛经里头有这样一个故事,有个人问释迦牟尼,说师父你说什么是大声音。师父说不是大嗓门是大声音,要味尽人世间真谛,这样的声音会去到天上,去到天上的声音就成为大声音。

总体上说,拉丁美洲在文学上向世界发出自己声音时,不是只有一个魔幻现实主义,魔幻现实主义也不是只有一个马尔克斯,马尔克斯也不是只有一个《百年孤独》。它自有它的起源,自有它的发展,自有它的高峰。这才是文学,这才是文学的真正生成机制。有些人特别愿意讨论哪个文学流派是好的,在我的经验中,很多文学流派也是很多小作家捧出一个大作家。大作家自然是好的,但如果没有那些小的,大的又从何而来呢?

马尔克斯的时候,就有一个问题,我向他学习,但该学习什么?他说生个猪尾巴,我就说俺村里有人生了个牛尾巴?学修辞?学比喻?我不会这样。为什么?我弄懂了一个问题。我不仅知道他是怎么写的,我还知道他为什么要这样写,我更晓得这种写法是怎么来的。那我就从这个起根发芽处来学习。那时,我已经不读《百年孤独》好些年了。但这本书的确给了人启发,魔幻现实主义的确给了我启发。我在藏区长大,也有藏人的血统。我最初讲的不是汉语,也不是真正的藏语,而是一种叫嘉绒语的方言。在那种语言当中,有很多原初性的和印第安神话、民间故事相似的民间故事资源。神神鬼鬼的东西很多,但其实又是直指人世的。记得那时是推荐出去上学。同村一个邻居家姑娘,就这样出去上学,不知道什么事情自杀了。一个学生能干什么了不得的事,大概跟人睡觉了。现在不算什么,那个时候可了不得,于是跳河死了。这位姐姐死后很久,她妈妈还常对人说,她回来了。半夜里在屋里绣花、唱歌,在灶上忙乎煮东西。每天晚上都回来,讲得活灵活现。我们也相信死在他乡的人一定是要以这样的方式回来的。同村还有人在外当兵打仗死了,他家里人也常说他时常夜里回来,在屋里找他的烟袋。原来的文学观念是不能把这些东西写进小说里去的。我们是无神论者,你写了,编辑就不干,怎么写鬼啊,不能写鬼,要写人,要坚持现实主义。当然可以加上一些浪漫主义,但浪漫主义是想象未来的幸福生活,而不是让写鬼,不行。他不知道,这写鬼或许可以写出一种更强烈的情感,更深长持久的思念,痛彻心扉而却以故事面目出现的思念。

那个时候的文学观念就是这样,到我写《尘埃落定》时,我觉得可以这样写,坚持这样写。同时,又提醒自己一切要适度，适度的标准就是不能冲淡，只能加强对现实的揭示与表达。于是，这事就成了。我们很多文学批评，只关注或拘泥于梳理书面文学间的源流，读了马尔克斯们的书，我就非常明白，民间口传的文学也是一个非常重要的文学资源。十多年前，我有一个演讲，讲过两次，分别在民族大学和清华大学。后来发表了，叫作《文学表达的民间资源》，其间就说清楚了我是如何从魔幻现实主义得到启示，进而转入对口传文学的研究与学习的。在我那个嘉绒语的世界里，那些地方的村落、人群，人物的故事都是通过口传流布的，甚至神灵鬼怪也是这样。除了这些，乡村里还有类似精灵这样的东西在人们口中或意识中存在。它们幽默、顽皮，可爱而无害，娱乐性很强。我也努力把这些东西吸纳到自己的故事当中去。有些时候，是材料，有些时候是气氛，有些时候，也就是方法本身。《尘埃落定》一发表，大家就注意魔幻现实主义，这是肯定的。但怎么影响的，这个却说不清楚。

中国人总是急于把命名权交给外国人。其实把人神之界打通，把人鬼之界打通，这种方法中国自古有之。《西游记》不就是这样吗？《红楼梦》开头是怎么回事？原来中国也有这种东西啊！唐代话本里就有了嘛，一直到《聊斋志异》。"姑妄言之姑听之，豆棚瓜架雨如丝。料应厌作人间语，爱听秋坟鬼唱诗。"当年我读鲁尔福，无端就会想起这首诗来。林语堂先生在美国写作的时候，就用英文写过一本《中国传奇》，在外国很畅销，后来又有人把他用英文写的这些故事再译回中文，有一个出版社出版过，一个很有意思的东西出现了。今天我常听人说，翻译就是损失，最好是不翻译，读原文。外国汉学家跑到中国来说，中国作家不懂外语，不能读外国原文，所以写不出好的作品。所谓文化自信其实在有些文化人那里是没有的。所以说读翻译作品是没有用的，要读原文。但世界上有那么多原文，没有人能读得过来吧？附带着也要说翻译不行。而中国文化就是靠翻译丰富起来的。至少新文化运动是拜翻译之功。再早，佛经的翻译也极大地丰富了中国文化。我看魏晋南北朝时期的译经人，他们可没有对翻译不自信过。我个人崇拜的翻译家中，翻译佛经的鸠摩罗什是头一位。翻译也可以创造的呀！我读翻译回中文的《中国传奇》，再对照原先那些故事文本，发现翻译不但没有减少，反倒增加了一些东西，比原来更丰富了，更现代了，更有意思了。

回过头再说《百年孤独》，若照此逻辑，中国有多少人真懂西班牙文？几万人，几十万人？可惜他们又不写小说。那怎么办？是不是都要学了西班牙文，学通了，才有资格向魔幻现实主义学习，那岂不得也写成西班牙文？以翻译之难否定不同语种间互相学习的可能，否定文化交互影响的可能。照此说法，世界文学间的交互可能也就很虚无了。如我这样的人，就没有资格说我从另一种自己并不懂得的语言中得到了什么启发，学习到了什么方法。马尔克斯在诺奖颁奖礼的演说词中，对西方的强权有非常直白的抗议。我非常爱马尔克斯这一点。

回到本土的口传文学中去寻找资源。而对有些魔幻色彩的幻想性文学元素的运用，在世界文学中非常普遍。我喜欢美国作家托妮·莫里森，她的长篇小说《宠儿》里就有一个婴儿的鬼魂。法国有一个短篇小说家叫埃梅，所有小说都是幻想性的。比如有一篇小说叫《穿墙记》，写一个人突然就有了一种特殊功能，可以自由穿墙。这多好啊，可以随便到任何一座房子里去，整个世界都真正在他面前敞开，再也没有什么秘密。于是，这个人就忙得不亦乐乎。但造物主在给你某种自由时又往往会设下一些限制，使得人性最后总要在这些限制前接受考验。这个能穿墙的人没有通过这个考验，所得的惩罚就是有一天卡在墙里出不来了，变成了一个半个身子陷在墙里的塑像。这些幻想性的文学元素，世界各国的文学当中一直都有。

总而言之，魔幻现实主义固然用了一些极富幻想性的文学手段，但也不能说有点幻想性超现实元素的文学作品都可以戴上魔幻现实主义的帽子。也是需要加以注意的。这其中有一点很重要，魔幻现实主义是以超现实的手法揭露出更深刻的现实。而很多看起来很魔幻的作品，兴趣并不在揭露现实，而是借此逃避现实。

以一本诗作为旅行指南
——上篇：在智利

2017年6月12日早晨，成都飞旧金山航班。

飞机爬升时，朝阳正破云而出。我打开王央乐翻译、上海文艺出版社出版的巴勃罗·聂鲁达的《诗歌总集》，心绪似乎已飞到了安第斯山中，在那些印加废墟层层叠叠的石头上了。甚至闻到了某种味道，那应该是一场雨后石上青苔的味道、森林的味道。

飞机飞得平稳了。窗外正是明亮的天空。窗玻璃自动变暗，造成一种夜色深沉的效果。机舱里的灯亮起来，这是早晨，乘务员递上的却是晚餐菜单。餐前红酒和生片火腿，主菜牛排。餐后还有红酒，还有奶酪佐酒。乘务员又来问明早的早餐，是西式的燕麦片还是中式的大米粥。我们逆着地球自转飞行。

在机舱中过一个模拟的夜晚，在美国西海岸再迎接一次本月12日的早晨。既如此,我就将它变成一个阅读的夜晚,与聂鲁达的诗共度这个夜晚。《诗歌总集》不是聂鲁达全部的诗,而只是他一部诗集的名字。这部诗集结集于1949年,那是诗人处于逃亡状态中的一年。

他在这本书的结尾这样写道:

> 在这里结束
>
> 这本书就在这里结束;在这里
> 我留下我的《诗歌总集》;它是在
> 迫害中写成,在我祖国
> 地下的羽翼保护下唱出。
> 今天是一九四九年二月五日,
> 在智利,在戈杜马·德·契纳,
> 在我年龄将满四十五岁的
> 前几个月。

一本书,应该从头读来。但我在二十多岁时常读这本书。知道结尾处有这样的句子,打开书,便忍不住翻到结尾先看一下。它们也是这本长达七百多页的诗集中最平实朴素的几个句子。拉美的这一代作家,大部分时候,小说家都是喧闹的,不惮繁复与铺排的,比如阿斯图里亚斯、马尔克斯,更何况聂鲁达是个诗人。他这本诗集叙写的都是拉丁美洲重要的史实和真实的地理与人物,却并不因此使得修辞变得拘束起来,也没有因为受到迫害,在逃亡过程中,而变得抑郁与悲观,他还是自由而达观地歌唱着:

逃亡者

我是警察追捕的逃亡者。

在明净的时刻,在寂寞的繁星之下,

我穿过城市,森林,

村落,港口;

从一个人的家门走向另一个人的家门,

从一个人的手转向另一个人的手。

黑夜是那么肃穆,但是人们

已经放置了他们友好的信号。

河来参加

那时你赤裸裸地醒来,

被河流画满了身子;

你的潮湿的脑袋伸向高处,

向世界遍撒新的露珠。

我在这个刻意制造的夜晚重新进入了聂鲁达的世界。

我手里的这本书出版于1984年。我在1985年得到了它,阅读了它。有几年,我常常重读其中的一些篇目。再后来,它就成了我书柜里的一个陈列品,一份对青年时代写作与阅读的忆念。我竖起金属梯在书柜中找寻某一本书,看到它时,我会伸手碰碰它厚厚的书脊。这次出行我带上这本书,因为我要去诗人的祖国智利,因为我要去的是诗人写作的地方拉丁美洲。行前就想,关于智利,该带本什么样的书。对我来说,除了聂鲁达难道还有关于智利的更好的书?

在这漫长的飞行过程中,我开始重读这本厚厚的《诗歌总集》。

这本书,二十多岁时经常背着它外出。尤其是背着它到大自然中去。骑马时,在背上。徒步时,在背上。在那些崎岖的山间公路上颠簸时,它也常在身边。这本书有些旧了,有些页码上还留有那时留下的一些特别痕迹:一团黯淡了的青草汁液,一朵花更加隐约的印记。那时,我把花朵夹在他描写爱情的动人诗句中间。那时,惠特曼和聂鲁达是我描绘大自然和人类社会的教科书。我喜欢那样的风格,宽广、舒展、雄壮,而且绝不让令人悲伤的事实所压倒。那不是简单声张的乐观主义,而是出于对人性与历史的崇高信仰。

从机舱里的今夜,到十几天南美之行的路上,我要再次好好读它。我喝了一杯红酒,然后,把座椅放平,打开了阅读灯。

《诗歌总集》由十五首长诗构成。第一首《大地上的灯》,写的是殖民者发现和命名之前的拉丁美洲。那时的时代,聂鲁达的说法是:"在礼服和假发到来之前……"那时的世界,聂鲁达的说法是:"我的没有名字的不叫亚美利加的大地。"

一切开始变得有些恍惚。我读那些描写纵横拉美大地的河流的诗句,恍然真有河流在山影中轰鸣,而不是飞机引擎在轰轰作响。

他写低垂于南半球荒野上的星光,我仿佛就躺在那些星光下面,清清冷冷像一块露又像一片霜。

醒来,打开的诗集压在胸上。

我又举起书来读了一些句子,关于岩石,关于花朵,关于一片大陆所有的一切,我又睡着了。睡在诗歌的情境中。再醒来,我打开了电脑。我突然起意要把沿途读这些诗句和在这些诗句的指引下游历智利、游历南美的经过记录下来。文章的题目或许可以叫《以一本诗作为旅行指南》。今天是专业知识与技术泛滥的时代。泛滥到什么程度? 那就是在大地上行走,在人世间体验这种事情也弄出来很多专家。专家看了这样的题目肯定会很光火。一本诗作为指南?那要我们这些专业人员做什么？这次我就冒险犯难一次，不靠旅游指南，而只靠一本诗的指引。

时间倒转，离开成都是北京时间12日早晨9点，现在，飞行几小时后，是旧金山时间12日早晨3点。

周围还有人没睡。一个人在看一本中文的美国历史。一个金发女人开始看第三部电影。主角都是一个，大嘴巴罗伯茨。这比上次飞行的邻居强多了。那次，一个女留学生，整个飞行途中，十三个小时，一分钟都没有休息，看《康熙来了》。还有一对又像教授又像退休官员的夫妇，一起看一部抗日神剧。这些节目都存在他们自己电脑里。女留学生还好，高兴处，就自己吃吃发笑。那对老夫妻可就不同了。两个人用一副耳机看电视剧，一人耳朵里塞一只。剩下一只耳朵可不闲着，用来听对方关于剧情的大声讨论。

准备睡了。旧金山，早安。至少，这时的人已经上街了。送早报的人也该上街了。不过，互联网时代，报纸日益式微，市民对早上门口有没有一份报纸出现应该不怎么在乎了吧。几小时前看了一条消息，说《纽约时报》又要裁员，裁减编辑人员。

我醒了。这是机舱共和国的清晨。陌生的人们在这个狭小的空间中，一起睡了一晚，梦挨着梦，两尺不到，却又彼此不会看见。

厕所里不断响起冲水声。进去和出来的人都浮肿着脸。

舷窗变回透明模式，现出了外面黎明时分的天空。机舱里面的时间和机舱外面的时间同步了。窗外，静止的云海正被曙光一点点照亮。一切都还是冷色调的，本该蓝着的天空有些发灰，本该白着的机翼下方的云海又有些发蓝。一个圆圆的光轮就挂在这冷冰冰的云天之间。我先以为是太阳，后来我自己否决了这个判断。哪有这样发着冷光的太阳？是月亮。此前两三天，晚上在吕梁山中赶路，就见黄土梁后浮着这样一个光轮。

上早餐了。冷牛奶泡麦片。

飞机向下，扎进了云海。颠簸一阵后，便到了云层下面。现在，上面是云，下面是海。

我想算算自己是第几次降落这个机场了。数至第六次的时候，那个我认为是月亮的冷光轮突然放射出耀眼刺目的光线，使海水泛起了金光，给云层镶上绯红的边。原来，它是太阳。竟然，有时候——至少在高空中看去，太阳也不是随时随地都那么光华灿烂。再起飞，是五小时后了。目的地是休斯敦。在那里，也只是停留几小时，再转飞智利首都圣地亚哥，那才是本回旅途的真正开始。机翼下是美国的大地。靠窗下望，是荒漠，然后那些荒漠渐渐披上绿色，其间闪烁着河流与湖水的亮光。聂鲁达在那首著名的献给林肯的长诗《伐木者醒来吧》中写过美国：

> 在你的树木的钢那样沉重的气息里，
> 我行走，踩着大地母亲，
> 蓝的树叶，瀑布的石块，
> 像音乐那样颤动的飓风，
> 像修道院那样祈祷的河流。

那时，作为一个左翼知识分子，他对苏联抱有更多的希望，但他热爱林肯。意识形态使他描绘苏联和美国都有失偏颇，远不如他所描绘的智利与拉丁美洲那样充满了真实的感受与情感。这也是今天艺术家与诗人视为教训的地方。他们说，聂鲁达是写政治诗的，所以，我们要避开政治。他们还说，作家要避开意识形态。他们避开政治的目的是什么？希望永恒。而事实则是，没有哪一个作家能真正回避政治，没有哪一个诗人能够真的不具有某种意识形态。就是石头也会有所选择。如果想长出苔藓，那就会倾向带着湿气的风。如果想长出一个光亮的前额，那就倾向阳光的明亮。好多时候，纯艺术其实就是犬儒的冠冕借口，有时也是无从把握复杂社会现象的漂亮开脱。

再登机，目的地真的是智利了。这时真正是夜里了。飞机来到了海上。机舱外，最后的晚霞正在消逝，舱内正在上餐前香槟。

早晨醒来，舷窗外又是一片紫红的霞光。霞光依着参差的山脊,山脊下还是一片黑暗。这是凌晨五点。我知道,那一定就是安第斯山了。望着那些霞光,脑子里有些关于此山的书写开始浮现,圣埃克苏佩里的《夜航》,还有茨威格的《人类群星闪耀时》。后者中有一篇写的是一个从大西洋出发,翻越此山脉发现太平洋的西班牙殖民者。这个人叫巴尔博亚,他为了发现大陆另一边的海洋,更为了寻找传说中的黄金之国,率领一支庞大的探险队伍(一百九十个西班牙人和一千多印第安人),于1513年横越南美大陆,到了大陆的西岸,发现了太平洋。聂鲁达在《诗歌总集》的第三首长诗《征服者》中写到了他:

> 巴尔博亚,你把
> 死亡和利爪带到了
> 甜蜜的中央大地的角落;
> 在一切的猎犬之中,
> 你的猎犬就是你的灵魂。
> 嘴巴血淋淋的莱翁西科,
> 抓回了潜逃的奴隶,
> 把西班牙的犬牙
> 咬进还在呻吟的喉咙;
> 狗的爪子下,

撕裂着牺牲者的血肉，

而宝石则落进了腰包。

对这个人，这个征服者，聂鲁达是否定的，无情地揭示其掠夺屠杀印第安人的罪恶。

掠夺与屠杀，是殖民主义深重的原罪。飞机下降，那些黑色的山脊线变成了白雪覆盖的群山。

亚美利加洲的爱

只有山岭，其突兀的起伏之中，

飞鹰或积雪仿佛一动不动。

这样的高度，见不到飞鹰，但积雪的确在机翼下无穷无尽地铺展。飞机是从北方飞向南方。和北半球刚好相反。在拉美文学中，南方就意味着边缘与辽远。

飞机一头扎进了云层。我闭上眼，想象走出机舱门那一瞬间，涌到眼前的该是南美洲大地怎样强烈的阳光与气息。对这片大陆，我总有着浪漫而热烈的想象。尽管此前已去过这个大陆上的三个国家，但此时仍然处于那种想象的状态。

机舱门开了。大地没有巨浪一样猛扑过来。廊桥缓缓伸向机舱门。没有阳光，而是冰冷的雾气在弥漫。此时正是南半球的冬天。

过境证件查验。

取行李。在夏天的装束外罩上一件冬装。过海关,警犬来嗅行李,安检机扫描行李。这才与前来接站的孔子学院拉美中心的孙新堂主任会合。还有从墨西哥专门赶来这里的小范,她拿着我的一本新小说《蘑菇圈》。

进圣地亚哥城。高速路两边,一边是荒野,一边是积雪的安第斯山,这是从地图上知道的。雾气迷蒙,山和原野都不可见。触目可见处,都是沿海平原冬天凄清的风景。孙新堂做关于智利的初步介绍。在南美,智利是经济发展最好的国家,人均GDP是一万七千多美元。前面我说凄清是指冷雾中的天气。

路边掠过的一切,一棵棵树、一幢幢乡下的房舍、一条条城里的街道,以及车窗外一张张晃动的脸,都有着热情庄重的意味。更重要的是,孙新堂说,这个国家经历独裁反独裁的漫长血腥斗争,现今是南美民主化程度最高的国家,也是清廉程度最高的国家。我想,这也是聂鲁达们的理想。为了这个目标,诗人曾为之流亡、为之牺牲。诗人于1973年在右翼军事政变后的几个月内抑郁而终,不知这是不是他期待中的社会图景。

去到孔子学院。一幢建于20世纪初的殖民时代的老建筑。一楼有一个图片展,关于海上丝绸之路。中国船和中国瓷。有人在布置桌椅,我的一个讲座就将在这里举行,他们正在为此做着准备。

看看手机上自动更替的时间。漫长的12日终于过去了。当下是13日上午10点。在酒店安顿好,急切地走到街上。

街景。

高大的悬铃木落尽了叶子,剩下很多黑色的果子在枝头无声悬垂。另一条街,槭木挂着更多的果实。这似乎是来自中国的树木,但与那些老建筑配搭在一起,似乎已经在这里站立了百年千年。

聂鲁达就是在这个城市里开始了他的诗歌之旅:

旅　伴

后来我到了首都,迷迷糊糊地

渗透着烟雾和细雨。

这几条是什么街?

一九二一年的服装挤挤攘攘,

在煤气、咖啡、人行道的强烈气味之间。

我在学生里面生活,不能理解,

四周的墙壁专注于我,每天傍晚

在我可怜的诗歌里寻找树枝,

寻找失去的水滴与月亮。

街景。

来来往往的人。表情生动，形态多样。带着不同种族或者明显或者隐约的印记，但没有我料想的那么多印第安人的印记。这也是有缘故的。这里不是古代印加帝国的中心，人口相对稀少，加之当地印第安部落非常强悍，不畏生死，对入侵的西班牙殖民军拼死抵抗，战后，剩下的人口就更加稀少了，并退到这个国家的边远地带。今天，土著居民在整个国家占比也就10%左右。

这让我想到一个问题，聂鲁达以及与他差不多同一时代的那些拉美作家，阿斯图里亚斯、卡彭铁尔和马尔克斯他们，其实都是西班牙殖民者的后代，不仅血缘上是，文化上更是如此。即便是血缘有过一些印第安血缘的渗入，但主要还是来自老欧洲的血缘。

文化意识中主体的部分还是欧洲文化的底子，但他们从什么时候产生了这样的意识变化，认为自己直接上承了印第安文化的传统，并将其视为树立自己拉丁美洲意识的重要精神资源？从自己这一代开始，还是从更早的拉美国家摆脱殖民统治，建立独立国家时就已经萌芽？无论如何，找到这个立场，他就找到了真正的诗歌：

亚美利加州的爱

我,泥土印加的后裔,

敲着石头,说:

是谁

在期待着我?

人　类

在这没有名字的亚美利加深处,

是在令人头昏目眩的

大水之间的阿劳科人,

他们远离这个星球的一切寒冷。

聂鲁达身上会有一点阿劳科人的血统吗?或者别的印第安族群的血统?我只是这么小小地猜想一下,而不是要去对他做血缘谱系考察。记得看过一篇西班牙诗人希梅内斯的文章,他问聂鲁达这个殖民者的后代,什么时候成了印第安人的代表。希梅内斯作为曾经的南美殖民地宗主国的诗人,对聂鲁达、对聂鲁达们这种拉美本土意识的产生是持怀疑态度的。但我对他们这种意识的产生由衷敬佩。在中国这个自古以来的多民族国家里,这个国家占主体的知识分子,基本意识还是单一民族或单一文化的。而聂鲁达和他同时代的好些作家诗人,他们试图唤醒并使之复兴的美洲文化，却正是几百年前他们来自西班牙的祖先们必须灭之而后快的。他们在反抗殖民文化的过程中，都因此感到耻辱。

他们没有选择站在祖先一边，而是选择站在被他们的祖先踩躏的文化一边。聂鲁达在诗中所鞭挞所控诉的正是他们祖先的暴行：

科尔特斯

科尔特斯没有老百姓；他是冰冷的光；
他是甲胄里一颗死去的心。
"我的王上，那里都是肥沃的土地，
还有庙宇，印第安人的手
给它装饰以黄金。"
于是他用匕首刺着前进……

阿尔瓦拉多

阿尔瓦拉多，用爪子和刀子
扑进茅屋，摧毁了
银匠的祖业，
劫掠了部落的婚姻的玫瑰，
袭击了氏族，财产，宗教。

他是盗匪收藏赃物的箱柜；

他是死亡的不露面的猎鹰。

一个主教

主教举起了手，

凭着他小小的上帝的名义，

在广场上焚烧这些书籍，

把无穷的时日

所磨损的篇页，化成了轻烟。

我在安详宁静的圣地亚哥城中行走时，心里回荡着这些诗句。这些诗句记录和反省的是这片南方大陆上演过的真实的血腥历史。

午饭，在一家中餐馆。本来，到一个地方该品尝当地食物，但在三十多个小时的连续飞行后，一路吃着美国联合航空的飞机餐，特别是下飞机前的早餐，一份蔬菜沙拉，一份冷牛奶泡麦片，这个胃确实在呼唤中国式的热乎乎的东西。

孔子学院安排周到，请来聂鲁达基金会的塔米姆先生。他送我一本基金会会刊。那上面罗列着基金会的主要工作：组织诗歌活动，资助诗歌出版。我关心的是基金会资金的来源，是社会捐助还是政府拨款。他说，没有政府拨款，会有一些社会捐助，主要来自聂鲁达故居的门票收入。聂鲁达故居在智利一共有三处：一处在黑岛，一处在瓦尔帕莱索，一处就在圣地亚哥城中。塔米姆先生说，这三处故居一年共有三十万人参观。我帮他算了笔账，光门票收入一项，一年就是人民币一千多万，足可支撑基金会的良性运转。我说，我也要用参观故居的方式为聂鲁达基金会增加一些收入。塔米姆笑笑，没有说话。

我想这符合聂鲁达的意思。他在写于1949年的《我是》这首诗中写了两节名为《遗嘱》的诗，就表达了要惠及年轻诗人的意思：

> 我把我的旧书，
> 从世界上的角落里收集来的
> 庄严地印刷令人起敬的旧书
> 遗赠给亚美利加的新的诗人，
> 他们有一天
> 会在暂停的嘶哑的织机上
> 纺织明天的意义。

塔米姆戴着围巾，吃热了，解开一条，里面还围着一条。

塔米姆有一位素食的女朋友。这让我们说话时多少有些顾忌。她主动说，自己素食并不是由于宗教上的原因，我们就放松了。

塔米姆还拿出一张A4纸来，让我题字留念。我写了句倾慕聂鲁达的话。

聂鲁达故居背靠有名的圣母山。

前面是山间平原上的圣地亚哥城，城的东边，是拔地而起的安第斯山。我们到达的时候，阳光正在驱散浓重的雾气。城市，城市尽头的雪山都渐渐显现在眼前。

拐过一条小街，经过几株巨型的仙人掌、几株树，经过两三面有五彩涂鸦的墙壁，故居到了。我往一扇铁门里张望时，一个过路青年做手势让我继续向前。那个年轻人跟很多我遇见的智利人一样，笑容灿烂。看来，这条街道上的人都知道陌生的游客到这里是要寻找什么。再往前几步，我遇到了一口水井，井里水很充溢，倒映着正在透出蓝色的天空。再往前几步，是几级半圆形的阶梯，透着点古希腊风格圆形剧场看台的味道，阶梯后竖着的几根光滑明亮的金属柱子又立即破掉了这种味道。登上这些台阶，绕过金属柱子，这回，我可以肯定聂鲁达故居真的到了。

卖门票的前厅，故居的工作人员看有中国人来了，说塔米姆先生来过电话，如果是阿来先生一行，不用买票。故居没有专职导游。

每个游客都可以领取一个电子收听器。收听器只有两种语言：西班牙语、英语。小范用收听器，我直接听她把收听器里的话译成汉语。

我随身携带的王央乐先生译的《诗歌总集》附录的《生平年表》也提到了这座故居:"1955年——与德利亚·德尔·卡里尔离异。同年,住宅'拉·却斯科纳'落成,与马蒂尔德·乌鲁蒂亚女士迁入新居。"

这里的人们更乐于说,聂鲁达早在离婚前就与乌鲁蒂亚女士是情人关系了。这座房子当初就是专门为情人所建的。这个情人并不十分漂亮,却深懂艺术,深懂艺术家,能够不断给诗人带来新鲜的刺激与灵感。

聂鲁达以爱情诗登上文坛,那是流行世界的《二十首情诗和一首绝望的歌》。以后,他找到了更宽阔的表达空间,但也在继续歌唱爱情,依然是热腾腾的有身体在场、有身体投入的爱情:

女学生

你啊,你比蜜甜,比阴暗里
爱恋的肉体,更甜,更无止境;
从另一些日子,你出现,
在你的杯子里装满
沉重的花粉,那么快活。
……我咬啮女人,我头昏目眩地

从我的力量沉落,我收藏葡萄串,
我出去行走,一个一个地吻,
联结着抚爱,抓住着
这个冰冷毛发的洞穴,
这些嘴唇吻遍的腿,
在大地嘴唇之间的饥饿,
以贪吃的嘴唇吞食。

不管情形到底如何,这座房子就此诞生了。故居里有一幅风景画。从画面中城东尽头的雪山来看,描绘的正是从这座房子窗前看到的景象。那时,故居前还没有街道,没有密集的建筑,而是一片怡人的点缀着棕榈树的旷野。

聂鲁达诗歌风格多样,摇曳多姿。不是固定于一种风格去表达不同的题材(像大多数精雕细刻的诗人通常做的那样),而是根据不同题材的需要尽情地自由地运用各种修辞。他这种随心所欲、自由不羁的做派也体现在他居所的建筑上。这座住宅是由他自己设计的,说不上有什么特别的匠心,也就是随性所之、随物赋形而已。眼前这所房子,本来可以建得规整有度,如果选址稍低一点。

但他偏偏选择了平地尽头的山坡,而且这山坡还颇为陡峭,应该在三十度以上吧。从右手进入院门,先得稍微往下几级。那是一座狭长的房屋。聂鲁达喜欢海洋,这座房子就模仿了船的形状。从外面看不出船的意思,只觉得房子太过低矮,我这样的个子也要弯了腰进门。进去了,这才真感觉是一艘船的舱房了。长条的桌子两边至少排列着十几把椅子,说明主人是个好客的人,也说明这里曾是圣地亚哥城中一个闹热的去处。现在,椅子上一个人也没有。游客正络绎进入,挤满了房间。他们表情严肃地举着电子收听器,戴着耳机,听着在这个房间里曾经发生的趣闻逸事。餐厅尽头有一扇小门,推开门是一个小房间,里面陈设着一些瓷器。一道狭窄的楼梯旋转而下,我想下去,但被工作人员坚决拦阻了。我的翻译听着耳机,同时把听来的西班牙语译成汉语给我,说聂鲁达有时也烦于应酬,就会趁客人不注意从这道小门悄悄溜走。哦,如果只从他的诗歌看,聂鲁达是喜欢喧闹的,何况,当美食铺陈,美酒在身体中持续发酵,本身就欢快响亮的西班牙语在这狭长的空间中响起,人们纵论诗歌、艺术、政治、爱情,但他还是会有厌倦袭上心头。他打开那扇小门,走下那道狭窄的旋梯,然后,又去向哪里? 或许有一个地方可以独自眺望城中灯火,或者是一间密室,没有灯,没有光,只有黑暗,诗人躬身坐下,俯察自己的内心,却看到了幽微的光,看到越来越强的光明。

诗人曾经频繁周游世界。这个船形餐厅的两厢陈放着许多诗人从世界各地带回的与海洋有关的纪念品。

我得说，这个空间并不特别令人舒服。但诗人执意要让它模仿一条船。人一多，空气都有些污浊了，何况还有声音，尤其是我需要人把电子接收器里的西班牙语翻译给我。

这当然有些打扰到别的游客了。我向所有被打搅到的游客表示歉意：笑脸，摊手，对不起。

人们都表示非常谅解。一对白人夫妇，很有学问的样子，他们身材高大，在低矮的船屋里不太舒服地躬着腰，表情严肃。在我表达歉意前，他们嘴里就不断发出低微的嘘声，表达歉意后，他们也没有停止。我没办法，我也要参观，我也要听个明白，而且我们已经尽量小声了。我想，唯一的办法是与这样的人拉开距离，但故居就这么大一块地方。

尽管刻意规避，但免不了又在一个什么拐角处碰上了。他们又忙于让嘴巴嘘嘘有声。我想，既如此，那就跟定他们吧。既然他们喜欢扮演文明警察而无心参观，那就给他们尽职的机会吧。从此，就一处不落地跟定他们了。

本想问问他们是美国人、法国人还是德国人，但出了故居也就各自散去了。

聂鲁达造房子真是随心所欲！

船舱形餐厅是一座房子。出来，坡上，陡峭的楼梯通向另一座房子，墙壁是蓝绿色（也是海的颜色？），有点像塔楼的形状。

沿楼梯爬上去，进入一个不规则的房间。空间不规则，家具也故意不规则。站在落地窗前，居高临下，部分圣地亚哥城以及城背后的安第斯雪山就尽收眼底了。这有点像在船长室中看尽风生云起的感觉。这座房子是孤立的。出门，路径曲折，经过一些花草树木。一丛芦荟正在开花，硕大的花朵呈宝塔形，也可以看作是火炬形，就视看花人怀着怎样的心情了。聂鲁达当年看到此花开放，想必是看成火炬的吧，不论是出于革命的还是爱情的激越。

再一座独立房子是酒吧。

里面也有超现实的光怪陆离的陈设。比如，一双超大尺码的鞋子（三四倍寻常鞋子那么大），特别定制来，随意放在酒吧的地上。

再走山坡路，到了他的书房。这里有些陈列，不多的手稿，不同版本的诗集。有一本中文的，台湾早年出的《二十首情诗和一首绝望的歌》，但没用这个名字。没有简体中文的书。想了一下，要把背着的这本《诗歌总集》留在那里，再想，这十多天里读什么呢？便把这念头打消了。

最后的节目，是看一段有关聂鲁达生平的视频。其实我不太需要看这些东西。一个诗人出名了，他在演讲，他在领奖，他在喜欢他的读者中间，他在享受成功的荣光。我倒宁肯去读他那些诗，宁肯知道他的诗歌背后那些磨砺、那些痛苦。那是

诗人的盐。聂鲁达就喜欢在诗里写到盐:

矿 藏

盐取代了崇山峻岭的光辉,

把树叶上的雨滴

变成了石英的衣服……

但在这段视频中,有最大的一撮盐。那一年,我十三岁,在中国报纸上读到过这个故事。左翼的阿连德总统被发动武装政变的右翼军人包围在总统府。阿连德总统誓死不降。从中国报纸上读到的消息是,阿连德总统手持冲锋枪战死。自那时起,阿连德在我心中就是一个英雄的形象。现在,这个过程在一段黑白视频中真实呈现出来。总统府正被政变军队围攻。地面是坦克大炮,空中还有战斗机低空掠过发射火箭弹,总统府被滚滚硝烟笼罩。看到当年一条遥远传说一样的消息变成了残酷的战争实景,我尝到了盐的苦涩,感到了某种盐一样的结晶硌着神经的痛楚。这是1973年9月11日,那一年我十三岁,阿连德总统在硝烟中倒下。仅仅十二天过后,9月23日,聂鲁达病逝于圣地亚哥。

可以补充一点材料。聂鲁达曾于1969年成为总统候选人,后退出,转而支持阿连德竞选总统。后在阿连德政府中出任驻法国大使。他辞任大使回到智利一年后，政变发生，诗人辞世，时年六十九岁。

解说词说，自1973年政变发生，聂鲁达逝世后，故居也毁损，后来……后来，遗孀乌鲁蒂亚在政治生态允许后，余生就致力于这所毁败建筑的恢复。也就是说，故居中的很多物件也不一定是当年的旧物件了。如此说来，这故居与其说是一个真实的存在，倒不如说是一个女人对一个人、对一个时代的深长记忆。想到这些，我在这诗人故居中走动时，颇有些怪异的感觉。是在一个随心所欲的现代派建筑作品中穿行，还是失陷于一个诗人光怪陆离的梦境？但至少，这幢故居纪念了一段轰轰烈烈的爱情：

> **女学生**
> 仅仅不过是爱情，在一个气泡的
> 空虚里，死亡的街道的爱情，
> 爱情，当一切都死了的时候，
> 只给我们留下了燃烧的角落。

回程中，见到一幢威严的殖民时期的宏大建筑。就是刚才故居视频中被坦克轰飞机炸，当任总统死在里面的那个总统府。当年政变领导人很快就修复了它，自己搬进去当了智利历史上任期最长的总统。朋友问我要不要下车，我说算了。只是让车缓行。总统府门口，无风，国旗低垂，卫兵们正在换岗。卫兵们肤色黝黑，又有西班牙人的鲜明轮廓。这种西班牙风格的广场上少不得会有一尊雕像。

南美大陆，这样的广场上多立着马上英雄。这里的金属雕像早已氧化成黑色，也不知他姓甚名谁，想必应该是该国独立时期的开国英雄吧。

次日夜里，在孔子学院拉美中心做一个演讲，题目是早定好的，《聂鲁达召唤我来到拉丁美洲》。

年轻时就喜爱聂鲁达。有一阵子喜欢的程度仅次于惠特曼。后来慢慢不读了，但这次出行，拿起来还不觉得这中间已经隔了差不多三十年时间。

我去某国某地旅行，不太读那些旅行指南一类的东西，而愿意读他们的文学。我国近旁的好些国家，旅行社大卖，但我就是不去，没有别的原因，没读过那里的文学，去了，就是一个傻了吧唧的游客。

这样的讲法，也可让异国听众明白，如今的中国人真的是虚心学习，不光学欧洲和美国，地无分远近，国无分大小，有好的，我们都学。相较之下，中国的东西他们真学得不多。

来的人不少。讲座后提问也大致靠谱。

只有一个秃顶先生，很客气的样子，期期艾艾地说，他不同意我在讲座中说阿连德是个英雄。他说，阿连德是自杀的，一个人就不应该自杀。我回答他，我以前知道阿连德是战死的，但即便自杀在我心目中也还是个英雄。我问他，你说他不该自杀，是基于宗教理由吗？秃顶先生说不是宗教原因。我说，我最不愿意做的事情就是人家出于宗教理由你还去和人争论。宗教是定见，你跟别人争什么呢？你说不是就好办了，那你为什么说他不该自杀。秃顶先生说，那不等于放弃了社会责任吗？我说，好家伙，人家飞机坦克的上来了，就是剥夺你这个责任能力，自杀，不投降，不自取其辱，非常了不起了。

智利的晚饭是真正的晚饭。讲座完，大家还喝了些红酒，闲聊一阵，九点钟，这才开拔去吃饭。桌上有两位智利当地作家，说同意我对阿连德的看法。他们说，当年总统府被进攻的时候，阿连德总统通过广播对全国讲话，声明不会向叛军交出权力，不会活着走出总统府。如今，世界大幅度右转，当年如阿连德这样的壮举也成为质疑与解构的对象了。马尔克斯在诺奖颁奖礼上的演说中针对强势的西方问了一个问题："为什么在文学上可以毫无保留地接受我们的独特风格，我们在社会变革方面的艰难探索却遭到形形色色的猜疑而加以拒绝呢？"其实，在这一点上，西方迄今并无任何明显的改变。我们应该还记得，阿连德总统牺牲后，并不是智利人的马尔克斯曾封笔五年，用文学罢工抗议这场军事政变。直到1982年，马尔克斯在他名为《拉丁美洲的孤独》的诺奖演说中,还对这一事件念念不忘:"一位合法总统在他的陷入一片火海的官邸,孤身一人蹲在堑壕里和整整一支军队奋战后死去。"那时,阿连德和聂鲁达逝世已经近十年了,但马尔克斯没有忘记他们。近年来,中国对聂鲁达的翻译几乎停止。我手里这本诗集完成于1949年,所以我不知道以后关于这次政变,聂鲁达有没有写过诗歌。但他在这本诗集中的《背叛的沙子》这首长诗里,把拉美诸国独立后迅速背叛人民的各国强权的统治者全部写了一遍。这首诗中有一节《寡头政治》:

旗帜上的血迹未干,
兵士们还没有睡觉,
自由就改变了服装,
变成了财产和家当:
从刚刚播种的土地里
出来了一个阶级,一伙
佩着纹章的新贵,
既有警察,又有牢狱

在智利的这些日子,还有一些我认为有趣的事情值得记录下来。

去一个葡萄酒庄参观。冬天,架上的葡萄藤都枯萎了。园中很多树。来自世界不同地方的树,都长成了世世代代就扎根在这里的样子。其中有一株玉兰树,我说,这树的故乡在中国,但导游认真告诉我,园中有记载,这树是从美国来的。

驱车一百多公里去瓦尔帕莱索。

聂鲁达说:"圣地亚哥是被冰雪高墙囚禁的城市。而瓦尔帕莱索却向茫茫的大海……敞开自己的大门。"

去看太平洋。

去看聂鲁达的第二个故居。按计划,沿海岸公路二十多公里,走走停停,看太平洋的风景。然后,去广播电台接受采访。主持人迟到了——和这里很多人一样,他对迟到如此之久并不抱有歉意。逼仄的播音间里居然挤进了四个人。主持人、我、当翻译的孙新堂和圣托马斯大学的莉莲女士。其实我只说了很少几句话,主要是他们三个人在谈一个叫阿来的人的什么什么。西班牙语好听,但有些冗长。一句汉语过去,会变成一句半到两句不等的样子。从电台出来,已经没有去聂鲁达故居的时间了。我们必须赶一百多公里路回到圣地亚哥,六点半在天主教大学还有一个演讲。

离开的时候,夕阳正坠向西边的大海。蔚蓝的大海在身后闪闪发光。

智利的海

瓦尔帕莱索的海,
孤独的夜晚的光波,
大洋的窗户,从中
探出了我祖国的身姿,
仍然用瞎眼在张望。

南方的海,大洋的海,
大海,神秘的月亮,
在橡树的可怕的帝国,
在鲜血保证的奇洛埃,
从麦哲伦海峡直到极地,
都是盐的呼啸,都是疯狂的月亮,
以及从冰中出来的星星的马匹。

我们也迟到了。

智利天主教大学的讲座,我迟到了半个小时。

我在讲座中说我其实不大关心这个国家有多大面积、多少人口、多少矿藏。我关心的是这个国家的文学怎么书写他们的地理、他们的树木花草、他们的人民、他们人民的生活。文学家应该以文学的方式进入一个国度。

今天我在瓦尔帕莱索的海边拍摄了不少照片。肉质叶的松叶菊，岩石间的仙人掌，海鸥，海狮，沙滩和波浪。

这些都是智利，聂鲁达的智利。

我们将飞往南方。那里的南方就是我们的北方，清冽的空气中满载着草木的芬芳、积雪的芬芳，以及沿着长长海岸线的无声的波浪。目标是蒙特港，那也是诗人歌唱过的：

> 我想起了海
>
> 我记起了，在蒙特港，或者在岛上，
>
> 从海滩回来的夜晚，守候着的船只，
>
> 我们的脚在它的踪迹上留下了火，
>
> 一个发着磷光的天神的神秘火焰。
>
> 每踩下一脚就是一道磷光的流。
>
> 我们用星星在大地上书写。

到的那天晚上，是想到海滩上走走的，为了去看看诗人笔下海上的磷光，但是天下雨。

这是多雨的凄冷的翠绿的南方。我在那座高岸上孤立的酒店里请大家喝威士忌。

大　洋

杯子在颤动，有你的盐，你的蜜，

它是水的无所不在的空穴。

雨一直在下。

一早起来,雨还在下,海天相接处乌云泛着铁灰的光。

撑着伞,从高岸上的酒店下到海边。

> 雨
> 就像流水在石头上磨下痕迹一样,
> 它落在我们身上,轻柔地带着我们
> 落向黑暗……
> 你熟悉土地和雨水,仿佛我的嘴,
> 因为我们就是泥和水做成。有时候
> 我想:我们跟死亡一起在下面入睡,
> 在雕像脚下的深入,瞧着那大洋。

雨还在下。

但天边上现出了霞光。在寒意中肃立着眺望铁青色的海。不到十分钟,雨停了。天边的红霞一路扩张过来,从天上,从水中,一路亮堂到跟前的堤岸上,连那些湿淋淋的嵯峨的巨石上也泛起了些微的红光。

去圣托马斯大学分校演讲。

还是老题目,还是聂鲁达。

演讲厅窗外,是大学的院墙。院墙外,是一片墓地。大小不一的墓碑参差错落,好些墓前还摆放着鲜花。墓地尽头是海湾,铁灰色的海在视线里一动不动。

我说,墓地,以及海所代表的自然,都体现着永恒。人类的生命本身,以及人类的很多创造,都不能永恒,甚至探问与追求永恒的宗教都难以永恒,但诗人和诗歌却有永恒的可能。自然与肉体的寂静终点处,诗歌会闪烁着精神的光芒。

也有些事可以一记。

此时虽是冬天,四野却一片青碧,甚至有花开着。酒店对面一户人家的栅栏脚前开着一株铃兰。青碧的叶,玉色的花。圣托马斯大学分校楼前开着好几丛欧石楠:白色的,粉红的。这花夏天时曾在苏格兰尼斯湖边山上得见,不想在这里又碰见了。

这里的人们老在说一种树,很多很多年前,它曾站满蒙特港周围的山坡。

这所大学有一个烹饪系,校长请吃饭,都是系里研发的创新菜。系里的总厨亲自掌灶,每上一道菜还亲自来介绍烹饪和品尝要领。我说在这样的大学当校长真有口福。校长说,来这里几年,待客还从来没有上过重样的菜。饭毕,校长送我一本画册《智利》。

他特意介绍封面上站在雪山前那几株高大的像松又像杉的

树,说这是智利的国树,也正是他们一直在向我这个植物爱好者介绍的那种树。西班牙语的名字我不懂,孙新堂用了什么工具软件后告诉我,此树中文名叫桧木。

那我就知道是什么树了。台湾阿里山中,小火车载着游客去看的好几个人才能合抱过来的那些参天古木就是这名字:桧。

我们往更南边的拉巴斯港的湖上去。公路边某一处,司机特意放慢车速,让我们看一个叫"总统座椅"的老树桩。没怎么看清楚,车已经过去了。莉莲在手机上输入这个关键词,果然出来一大段西班牙文,这个我不懂,但随文的黑白老照片却懂。那是一个有两三米直径的中空的老树桩,好几个戴礼帽穿坎肩的男人坐在上面,中间那位是当时的智利总统。哦,几十年前,这里的桧木也就剩下这个树桩了。

沿途有一些老房子,顶子和墙都用的是木板。那木板都像瓦片那么大小,鱼鳞状披覆,覆盖着屋顶与墙面。司机是学校派出的一位女老师,她又说,桧木,桧木,这些都是桧木盖成的房子呀,百年都不坏不腐呀。

但有些老房子却明明显出了朽腐的模样。又是一座天主堂。之所以来参观,也是因为"全是用桧木建成的呀!"从立在顶上的十字架,到里头精雕细刻的壁龛。

这一整天的行程真是看尽了最美的风景:湖,积雪的火山。整天就围着这个湖和湖边两座活火山转圈,直到黄昏,太阳收起落在湖上和雪山顶上的最后一抹光线。这天,终于在积雪的山峰下看到了活着的桧木。晚上在酒店,我对着画册封面上的那几株擎天大树发了好一阵子呆。

我们还去看了一个蚊子瀑布。

顾名思义,我以为是一个很小的微观瀑布。如果不是看在去瀑布有一段林间徒步的分上,我是拒绝去的。当走出森林,听到水声咆哮,水雾升腾,片片雪浪在河流跌落处涌起时,才想这是哪里……分明是我去过的巴西阿根廷两国间的伊瓜苏大瀑布的中型版嘛。这条河叫蚊子河,害得这么壮观的瀑布群也叫了同样的名字。不远处,还有一座富士山一般的洁净雪山陪衬着。这么大一条河叫这么个名字,是因为这河上产一种小蚊子,咬起人来甚是厉害。不过,我们来的这个季节,蚊子早就销声匿迹,我们就只管站在阳光下凝望瀑布和雪山了。瀑布就在那里雪浪翻腾,轰隆作响。

奥里萨瓦附近的愁思

不只是植物的尖锐空气在等待我,

不只是皑皑白雪上的雷鸣;

眼泪和饥饿仿佛两种热病,

爬上祖国的钟楼而轰鸣;

从那里，在氤氲的天空之中，

从那里，当十月勃发，南极的春天

在美酒的华彩之上奔流时，

却有一阵悲叹，一阵又一阵悲叹，又一阵悲叹，

直至横越白雪、黄铜、道路、船只，

穿过黑夜，经过大地，

直至我的流着血的喉咙把它听见。

极美的东西总是引发愁思。多看一会儿，感觉自己有点化在里面，也就是看得有些意思了。旅途匆忙，看出点这样的意思也就很够意思了。

旅游公路绕湖行走，两座雪山一直在视线之内。其中一座浑圆的锥形，像极了富士山的形状。这一天里，我无数次把镜头对准忽远忽近的它。据说，这是两座活火山，隔几年就喷发一次。最近的一次喷发就在两年前。但这个湖区地理条件得天独厚，可以看见火山喷发的壮美景象，火山灰等有害物质却被太平洋上的风吹到山那边的阿根廷境内去了。这个湖区四周居住着德裔移民。民居，教堂，农场，小镇，一派欧洲风情。绕湖一圈，来到一个叫作草莓的小镇。立在湖边，晚霞映在湖上，对岸的雪山顶被夕阳照出一片绯红。不到十分钟，暮色在湖上弥漫开来，雪山顶上的绯红渐渐消失，隐去不见了，满耳

都是湖水拍岸的声响。

这也是智利之行的尾声了。

明天飞行。

这里已经非常靠近聂鲁达在智利南方的故乡。他描写故乡的景象跟我眼前看到的一模一样:

> 在火山山麓,紧挨着常年积雪的地方,在几个大湖之间,静穆的智利森林散发着芳香……我就是从那片疆土,从那里的泥泞,从那里的岑寂出发,到世上去历练、去讴歌的。

智利,再见。

以一本诗作为旅行指南
——下篇：在秘鲁

飞行。

蒙特港。圣地亚哥。利马。

又一个国家：秘鲁。

聂鲁达去过秘鲁，在他的诗中不止一次写到过秘鲁，古印加帝国的心脏。

他自己曾经说过："我感到自己是智利人，是秘鲁人，是美洲人。"这是拉美那一个时代的作家的共性。古巴的卡彭铁尔这么认为，哥伦比亚的马尔克斯这么认为，墨西哥的帕斯也有同样的意识。

飞机落地，人脸的拼图大变。没有那么多棱角分明的欧洲脸了。印第安人的脸错落着，黝黑发亮，饱满浑圆。

这个国家还有很多华人。有个统计数字，有华裔血统的人占总人口的10%。

这些华人脸和印第安人的脸叠印着,有些难以分辨。其实也无须分辨。遇到这个国家天主教大学里的孔子学院外方院长,华人,姓邓,讲着很好的中文,和我握手时,他说:"我是秘鲁人。"

我在他的学院要做一个关于略萨的演讲。本来,想偷点懒,一路就讲聂鲁达好了。文学爆炸时期那些拉美作家,似乎没有人把自己当成某一国的作家,而是把自己当成整个西班牙语美洲的作家。

记起博尔赫斯的一首诗,是写他的曾外祖父苏亚雷斯上校的。

这个人是一位为南美洲摆脱殖民统治的战斗者。他不是为一个国家战斗。博尔赫斯曾经为他的一本翻译为英文的诗歌集做过很多注解。关于这首诗的注解也很长。他写了他曾外祖父的一生行迹。这位苏亚雷斯生于布宜诺斯艾利斯,1814年参军成为一名掷弹骑兵,1816年随军翻越安第斯山参加解放智利的战斗:

他曾经在恰卡布科作战(1817年2月),几天后又领导了一次大胆的壮举,在瓦尔帕莱索港口俘获了一艘西班牙双桅战舰,他的十四名士兵和七名水手组成的队伍制伏了船上的八十九名船员。这使他晋升为少尉。1818年,他参加了在坎查·拉雅达失败的战斗（3月）和麦普的胜利（4月），在后面那场战役中表现极为英勇，因此立刻被升为中尉。第二年，他在比奥和契兰作战，1820年又投身于秘鲁战役，12月，他在那里的帕斯科战斗——仍然战功卓著——并被任命为上尉。在此后的两年里他参加了另外至少六次行动，再次提升了军衔。1824年，在玻利瓦尔的指挥下，苏亚雷斯在著名的胡宁战役中成为当日的英雄。后来他在阿亚库巧作战，到年底被玻利瓦尔提升为上校。

这或许可以说明拉美作家在国家意识以外还有一个强烈的泛南美的共同意识。

在这里，有人提醒我还是讲一个秘鲁作家为好。

这么一来，我熟悉的秘鲁作家就只有略萨了。于是，我定下演讲的题目：《我就是略萨笔下的阿尔贝托》。

阿尔贝托是小说《城市与狗》中的一个人物。那些不安于现状的犯上作乱的军校生中的一员。这个人有写作爱好，在小说中的绰号就是"诗人"。他与书中人物的共同点是，他们所经历的一切他也共同经历：痛苦，迷茫，反抗，沉沦。他与书中人物的不同点是，在这个过程中，他渐渐对这种生活产生了质疑与反思。文学帮助人超越。在我看来，一个作家就是这样产生的。所以，我可以是阿尔贝托，我们所有人都可以是阿尔贝托。台下，坐满了印第安面孔。我想，那些腰扎武装带的军校生们，也应该是这样的面孔。

印第安人

  印第安人，从他的皮肤
  逃往古老无限的深处，从那里，
  有一天像岛屿那样升起：失败了，
  变成了看不见的空气，
  在大地上裂开，把他
  秘密的记号撒在沙地上。

  做完这个演讲，几个听讲的人还共同送了我一份礼品：一瓶当地酒和一件印加风格浓郁的小工艺品。

  接下来，要去里卡多·帕尔玛大学。

  这是一所有名的私立大学。校长和我见面，照例介绍一些学校的历史，说大学的命名用的是创建者里卡多·帕尔玛的名字。接下来，这所大学的孔子学院外方院长罗莎女士请我去一个叫山海楼的"吃饭"去吃饭。这话是不是有点夹缠不清？"吃饭"是一种中餐馆。一百多年前来到秘鲁的那些华人创造出来的一种秘鲁化的中餐馆，所有这种秘鲁化的中餐馆都有一个共同的名字"吃饭"。虽也有好些中国菜式，但主打通常是炒饭。比在中国，炒饭中多了肉，重盐。这也是入乡随俗吧。

　　罗莎女士以前也教过文学，谈起略萨并不陌生。她打着手势对我说，聂鲁达是左派，略萨是右的。我说，略萨先是"左倾"的，后来转向"右边"了。罗莎女士说自己也是左派。她说，年轻时代，中苏关系破裂以前，她也见过些中国人，在莫斯科。这让我有些奇怪。后来别人告诉我，罗莎是乌克兰人，美国籍。她长得金发碧眼，个子高挑，风度翩翩，在肤色和头发都一片黑色的秘鲁人中显得鹤立鸡群。她问我还读过哪些拉美作家，我说了一串名字，说到墨西哥的富恩特斯，她说，年轻时见过。她又问我去过南美的哪些国家。我说墨西哥、巴西、阿根廷和智利。

　　她又问，还想去哪个国家？

　　我说，古巴。

　　她又说，年轻时候就认识现任的执政者劳尔·卡斯特罗。她问我如果在古巴见了这位卡斯特罗准备说什么。

　　我说，改革。

　　她笑着翻翻手掌，说我倒希望他继续革命。

　　我想问她，因为这个所以她作为一个美国籍的乌克兰人就一直待在秘鲁？

　　但话到嘴边却没有说出来。话题又回到文学回到作家身上。她说，正在跟中国有关方面合作，要把这所大学的创建者里卡多·帕尔玛的作品译为中文。她要我留下地址，说那书一出来，就马上寄赠给我。我松了一口气，没有读过里卡多·帕尔玛的作品是因为还没有中文版。

现在以孔子学院的师资为主打，在这所大学开了一个西汉翻译班。

在这个班上，我把那个已经讲过的关于我们都可能成为阿尔贝托的演讲又重复了一遍。

在利马，从下榻的酒店出来不远，就来到了海岸边上。那是一道近百米的高岸，太平洋在下边。每天早上，海岸边雾气弥漫，那是太平洋上的热洋流带来的水汽遇到海岸上的冷气流而形成的。

利马几乎不下雨。当太阳升起来，这些冷飕飕的雾气就被驱散了。

海洋在远处融入蓝天。近处，是城市的建筑。离开城市，就进入了赤裸裸的黄色荒漠。离开城市，是为了去看荒野上古代印加帝国的遗迹。村落和神庙的废墟，被发掘过的墓地的遗迹。神庙遗迹上建筑起来的西班牙殖民军的军事堡垒也成了废墟。远处，是绿色的田野和安静的村落。

那些田野是由安第斯山上融化的冰雪水灌溉出来的。

那些水流还未入海就被干旱的土地吸取干净了。

海上的风吹过来，扬起了荒漠上的沙尘。

风吹动着,几只羊驼在荒漠中啃食耐旱的灌木。

城中的博物馆。陈列着那么多的印加文物,黄金的,陶的,石雕的,关于神,关于生产,关于生活,关于性的神秘与欢愉,还有麻和羊驼毛的精美绝伦的纺织品。

关于那些陶器,聂鲁达写道:

陶　工

黑色的奇迹,神异的材料,
被盲目的手指举升到光明。
在小小的塑像身上,土地以
最秘密的东西,为我们开放了它的语言。

关于那些纺织物,聂鲁达写道:

织　机

在那里,织机一根线又一根线地
摸索着重新建造起花朵,把羽毛
升上它艳红的帝国,交织进
宝蓝和番红,火的线团
及其强烈的亮黄,
传统的闪电的深紫,
蜥蜴的沙砾似的碧绿。

还有这些说得很好的话:

我们也感到了搜集古老梦想的使命,这种梦想沉睡在石雕上,在古老的断碣残碑上,……以便将来别人可以在上面安置新的标记。

……

我们继承了数百年来拖着镣铐的人民的不幸生活,这是最天真的人民,最纯洁的人民,曾经用岩石的金属造就了奇迹般的塔楼和光彩夺目的珠宝的人民,突然被至今尚存的可怕的殖民主义时代征服并使之失去了声音的人民。

古老的印加文化除了博物馆里的那些,已经颓然风化。

利马,新城是现代化的。水泥,钢铁,玻璃。

利马,旧城,是西班牙殖民时期所建。旧城的中心是武器广场。据说,利马城的构筑就是从这里开始的。武器广场上最重要的建筑是一座天主教堂。殖民者当年在美洲出现时,先是刀剑,继之以上帝和圣母以及十字架。

痛　苦

一万名秘鲁人,

在十字架和利剑下死去,

鲜血染湿了阿塔瓦尔帕的锦袍。

皮萨罗,埃斯特雷马杜拉的残忍的猪,

缚住了印加纤弱的胳膊,

暗夜犹如一块乌黑的火炭,

已经降临到秘鲁。

　　征服者

从皮萨罗这一次

在领土线内的奔驰,

产生了目瞪口呆的沉默。

　　皮萨罗这个目不识丁的西班牙人,于1532年9月,带领一百七十七人和六十二匹马登上秘鲁海岸。他的小股部队穿越安第斯山脉向印加卡哈马卡城进发。印加国王阿塔华尔帕本和一支四万人的军队驻在该城。1532年11月15日,皮萨罗的部队到达卡哈马卡城。次日,他请求与国王谈判,并要求对方只能带五千非武装的士兵。天真的印加国王阿塔华尔帕本居然答应了皮萨罗的请求,前往谈判。结果皮萨罗抓住时机,令部下袭击已放下武器的印加人。这场不如说是屠杀的战斗,只持续了半个小时。西班牙人没有损失一兵一卒,阿塔华尔帕本被俘。

　　皮萨罗成功了。当印加国王成为战俘,皮萨罗又向印加人索取了价值约二千八百万美元的金银财宝作为赎金。勒索赎金的具体情形，也出现在了聂鲁达笔下：

红色的线

强徒们在那里

画了一条红线。

三间屋子

得要堆满金子银子，

直堆到用他的血画的这条线。

金子的轮子在旋转，夜以继日，

殉难的轮子在旋转，日日夜夜。

人们刮着地皮；人们摘下

以爱情和泡沫做成的宝饰；

人们捋下新娘手镯臂钏；

人们舍弃他们的神像。

农夫交出了他的奖牌；

渔翁交出了他的黄金水滴……

用这样的方式，印加帝国交出了赎金，以赎回他们的国王。皮萨罗得到赎金后，却将印加国王处死。殖民者渴求黄金与财宝，但他们不是仅为此而来。

1535年，皮萨罗开始建筑利马城，作为秘鲁的新首都。最初就是从武器广场四周这些象征新权力形态的建筑开始。走进广场上的教堂，石头构建的建筑有沉甸甸的分量。教堂入口右手边，一幅巨大的壁画，主角就是身穿甲胄、腰挎利剑的皮萨罗。

教堂里面，地下室内，堆砌着成千上万的头骨。

据说，这些都是印加人的骨头。我没想到这些是印第安人的头骨，但的确是。被征服的人们改信了基督，他们觉得葬身在教堂可以得到新神灵的佑护。后来，埋骨在此的人实在是太多了，以至于不得不把死人身体的其他部分清除出去，以便容纳更多死去的信徒。这些头颅层叠成墙。空空的眼洞，空空的口腔。上面一层，烛火摇曳，管风琴琴声回荡。

临出教堂前，我又一次站在征服者皮萨罗的画像前，看着那个包裹在皮和铁的甲胄中的人。聂鲁达应该也在这画像前站过，他有一句诗，说那具甲胄里什么都没有，只有死亡。皮萨罗这个印加帝国的毁灭者，这个利马城的缔造者，最后也死于非命。他因为殖民者内部的争斗而被杀。聂鲁达的诗句又像拍击利马城下高岸的海浪一样发出轰鸣。这是《征服者》这首长诗中的一节《全都死了》：

海水和虱子的兄弟们，食肉行星的兄弟们，

> 你们看见没有,船桅终于在风暴之中
> 倾斜?看见没有,石块
> 在疾风粗粝的疯狂雪片下被压碎?
> 终于,你们得到了你们失去的天堂,
> 终于,你们得到了你们该诅咒的城堡,
> 终于,你们空气中的邪恶的幽灵
> 在吻着沙滩上的足迹。
> 终于,在你们没有指环的指头上
> 来了旷野的小小太阳,死亡的日子,
> 正在战栗,正在它波浪的石块的医院里。

走出教堂,利马城阳光普照。

一个在秘鲁工作的年轻的中国人主动来做导游。我们穿过老城,每一座建筑都是一段历史。好些窗台上,红色的天竺葵正在开花。我们来到新城,这位青年朋友告诉我,哪几条街道是被略萨写进《城市与狗》这本小说中,是书中的阿尔贝托和他的军校同学们出来闲逛和追求爱情的街道。说是新城,但从街边的行道树看,它们站立在这里,看人来人往,也有上百年时光了。

明天,将前往当年印加王国的都城库斯科。

向南飞行。

从海岸向高海拔的秘鲁腹地飞行。

飞机降低高度，我看见了连绵的群山、平旷的高地，看见了穿行其间的闪闪发光的河流。我喜欢这样的高原景象，超拔尘世，阳光带着金属的质感。

机场很小。会有两个人在这里等我，预先雇好的司机，还有一个导游。预先告知会穿着有旅游公司标志的马甲。出机场口，寻找一阵，找到了那件马甲。那是一个沉默的印第安人，矮壮的身体，黝黑的皮肤和头发。

他递给我两片干燥的树叶："古柯，古柯。"

这不是毒品吗？

"嚼几口可以抵抗高原反应。"

我没有高原反应，但我还是把干树叶塞进口中，咀嚼，并期待着某种反应，但什么事情都没有发生。我们穿过闹哄哄的人流去往停车场。作为中国人，我虽然不喜欢这样的纷乱，但很习惯这样的喧嚷与纷乱。车开上街，一直在爬坡，横切过一条横街，下一条街道还是继续往上，让人觉得这座城市是斜挂在山坡上的。街上拥挤不堪，走过一支又一支盛装的游行队伍。游客也因此蜂拥而至。导游说，这里正在过一年一度的持续一周的太阳节。我不太喜欢这种过于喧闹拥挤的被称为"节日气氛"的气氛。导游不知道这个情况，他说，我们今天不在库斯科停留。我们今天的目的地是乌鲁班巴，印加文化的伟大遗迹。这一天是6月21日。导游说，回来那天，6月24日是节日的最高潮。我明白他的意思是说，已经为我短促的行程做了最合理的安排。

就这样，车子在人潮涌动中穿过一直上坡的街道，导游在说话，他的手指向一座座殖民时期的建筑，他在介绍景点，我没有太注意听。我的手指按着地图上的一个名字，乌鲁班巴。那是一个具体的地名，也是一条河流的名字。这是今天的重点。我正在穿过库斯科城，在日程表上，是此次秘鲁之行的高潮，也是尾声。

终于到了街道的尽头，城市落在了身后。雄浑壮阔的高原景色扑入眼帘。起伏的旷野尽头矗立着雪峰。道路攀上蜿蜒的山脉，又盘旋着进入土黄色的山谷。6月，是南半球的冬天。河谷中的田野上除了一些待收割的金黄燕麦，大片翻耕后的土地裸露在暖烘烘的阳光下。高大的桉树立在山前，龙舌兰一丛丛地长在路边。一个个村庄的基调也是土黄色的，因为它们的墙体大多由黄土夯筑而成，虽然房顶上是工业时代的廉价的色彩艳丽的覆盖物——蓝色的玻纤瓦或红色的带波纹的薄铁皮，还有墙上的涂鸦和广告，但依然不能改变其土黄色的基本色调。

亚美利加

我的梦并不是梦,而是土地,

我睡眠,包围在广大的黏土之中;

我活着的时候,我的手里

流动着丰饶土地的泉源。

我喝的酒并不是酒,而是土地,

隐藏的土地,我嘴巴的土地,

披着露珠的农业的土地,

辉煌的菜蔬的疾风,

谷物的世系,黄金的宝库。

这就是关于这片土地的辉煌诗章:强健的,雄阔而舒展的。乌鲁班巴到了。

一个聚集了上千户人家的巨大村庄,斜挂在一个平缓的山坡上。黄色的夯土墙构成了低矮的房屋、院落和复杂的街巷,高原的阳光落在墙上,增强了质感。穿过这个巨大的村庄,是一个游客中心。俯临峡谷的平台上,铺着干净桌布的咖啡座,干净整洁的卫生间。旅游业在落后地区强行植入一个代表另一种文明的世界。一些人来观看,一些人被观看。今天,我就是观看者之一。我在这平台上站立片刻。这是一个很好的观景平台,脚下是深切的峡谷,对面是积雪的高山。转过身,那个巨大村子的全景就展现在眼前。阳光和同样是由阳光制造出的阴影，使得这个村庄显出史前时代般的沉寂。

村子的乌鲁班巴。

继续出发，公路沿着缓坡向上爬行。

然后，那个地方到了。

脚下的土地陷下去一块，仿佛一个火山口，呈漏斗状。在这个巨大的漏斗中，从最底部开始，是一圈圈平整的梯田，整齐的石阶，裸露在阳光下的干燥土地。几十层台地环环向上，越来越高，越来越宽阔，越来越开敞。难道这里曾像古罗马斗兽场一样有过血腥厮杀？或者像古希腊的圆形剧场一样，上演庄严戏剧？导游摇头说，都不是，不是斗兽场，不是希腊式的圆形剧场，也不是古印加帝国祭神的场所。

这是古老的印加帝国留下的最伟大遗迹。

古印加人在这里培育各种植物，可以果腹的农作物，可以装点花园的开花植物。这个漏斗状的封闭的地形中，形成了独特的小气候。在这里，从低到高的台地上，居然可以模仿不同的海拔高度，保存和培育适于在不同海拔上生长的作物种子。因为背阴与朝阳的不同，土地干湿不同，还可以种植不同的耐旱或喜阴的植物。原来，这里是印加的种子培育基地，是一个原始的基因库！

我下到这个地坑的底部绕行一圈，想起以后遍布世界，也在中国土地上生根而养活了那么多人口的来自美洲大地的那些植物。这是一个不短的清单：玉米、马铃薯、番薯、西红柿、辣椒……当然，还有烟草。我在想，这些植物中的哪一些，全部或者某几种，曾经在这里被栽培、被驯化、被改良？

我站在两丛龙舌兰中间，点燃了一支中国造香烟，插在梯阶的石缝间，然后自己再点上一支。

植　物

一股新的弥漫的香气

充满了大地的隙缝，

把呼吸变成了芬芳的烟：

原来是野生的烟草，抬起了

它那梦幻气氛的花朵。

卖旅游纪念品的小摊上，也有植物种子出售。一串十来个塑封小包，不同品种不同颜色不同形状的豆子。一串十来个塑封小包，是不同颜色不同大小不同品种的玉米。

在车上，我入迷地把玩这些美丽的植物种子，有所想，也一无所想，只是痴迷于它们包孕着沉睡生命的神秘的美丽。

植　物

玉米出现了，它的身体

脱下米粒又重新诞生，

散布玉米粉向四方，

把死者收在它根下，

然后，在它的摇篮里，

看着植物之神生长。

胚胎与乳汁的沉重的光

把风的种子播撒在

延绵的起伏的崇山峻岭的羽毛上；

这是黎明还没有睁开眼睛的曙光。

马克丘·毕克丘之巅

这就是住所，这就是地点；

在这里，饱满的玉米粒，

升起又落下，仿佛红色的雹子。

种子库乌鲁班巴。

道路变得险要起来、陡峭起来，贴着山壁盘旋向下。这样的道路让人坐直了身子，表达对危险的敬意。

车突然靠边停下。

我看见了又一个乌鲁班巴。

在种子培育地和庇护所的乌鲁班巴之后，看到了盐的乌鲁班巴。

那是像一幅巨画一样斜挂在峡谷对面山壁上的闪闪发光的盐田，看上去，像是云南哀牢山中的哈尼梯田。从高处泉眼里流出的盐泉把一块块池子灌满。泉水不是在灌溉青翠的稻子，而是在阳光下蒸发水分，变成一池池正在结晶的盐。"盐取代了崇山峻岭的光辉，把树叶上的雨滴，变成了石英的衣服。"那些盐池因为沉淀于盐中的矿物质的不同，而呈现出不同的颜色。有点暗绿的是松绿岩的颜色："你石阶上的松绿岩，是祭司的太阳宝石里，刚刚产生的光亮的蛹。"有点泛红的是铜的颜色："铜装满青绿的物质，在没有埋葬的黑暗里。"更多的盐田被太阳辉耀，闪烁着金色的光芒。还有水晶一样透亮的白色，光芒一样的白。也像是固体，"是徘徊的月亮的石块"。

远观一阵，我们驱车靠近盐田。循着窄窄的小道，循着渠中汩汩流淌的盐泉，走进盐田，被淡淡的硫黄气味所包裹。站在盐田中间，还可以望见山坡下方的峡谷。那是低海拔的平整宽阔的峡谷，那也是乌鲁班巴。平畴沃野的乌鲁班巴。乌鲁班巴河灌溉着万顷良田的乌鲁班巴。印加帝国时期，这里就是王国丰饶的粮仓，因此名为"圣谷"。

良田沃野的乌鲁班巴。

下到圣谷时,来到乌鲁班巴河边,天已经黑了。

旅馆在隔镇子有些距离的一个安静的院落里。餐厅的茶台上,摆着一只装满古柯叶的篮子。我加了两片在热茶里,看着干枯萎缩的叶子在水中慢慢舒展开来。除了和其他树叶一样形态完美,青碧可爱的视觉效果外,喝到肚子里,也没有产生什么特别的效果。

第二天,乘坐旅游火车顺乌鲁班巴河而下,去往马克丘·毕克丘。

起先是林木稀疏村落稠密的开阔原野,越往低海拔走,峡谷越来越狭窄,两边的山壁越来越陡峭。河岸边不时出现一些层层石阶垒出的梯田。印加人是善用石头的大师。有些梯田还有人耕作,有些显然已经废弃许久了。但那些规模宏大的石阶依然岿然不动,在海拔较高的地带,依然裸陈在干旱的土地上。当海拔越来越低,山谷中的风变得潮湿起来,这些石头建成的遗迹,就被繁茂的雨林淹没了。

火车在一个喧闹的小镇上停下。出站口有另一个导游在等待。同样,我凭借那件马甲上的旅行社标志认出了他。还是一个矮壮黝黑的印第安人。这是马克丘·毕克丘站,他说马克丘·毕克丘不在这里。镇子分布在一条湍急溪流的两边。镇子对着一面巨大的高达数百米的悬崖。导游望着背后的山坡说,马克丘·毕克丘在那上面。他还告诉我,上山的旅游车一小时后出发。然后，他就消失了。我们用二十分钟就走完了这个满是餐馆、客栈和卖廉价旅游品的小摊的镇子。然后沿着铁路走出好长一段。我爱路基下碧绿的河水，有时雪浪飞溅，有时变成碧绿宝石色的深潭。雨林中空气潮湿，充满了那些异国植物的芬芳。一些色彩艳丽的鹦鹉停在高大的我不认识的热带树木上。我后悔没有随身携带一本热带植物指南，来帮助我认识这些瑰丽的树木。因为我以为，来到这里，有一本聂鲁达的诗集就足够了。

在汽车站，导游又出现了。他陪同我们登上大巴车，沿着盘山路，在丛林中向着高处攀爬。

马克丘·毕克丘之巅
于是，我在茂密纠结的灌木林莽中，
攀登大地的梯级，
向你，马克丘·比克丘，走去。

马克丘·毕克丘，现今通常的译法是马丘比丘，但我读的王央乐先生译的《诗歌总集》将其译为马克丘·毕克丘，这也是我二十多岁时第一次知道这个伟大印加遗址时的译法，所以，至少在这篇文章中，我跟从这个译法。

马克丘·毕克丘距库斯科一百二十公里，坐落在安第斯山上最难通行的老年峰与青年峰之间陡窄的山梁上,海拔二千四百米。马克丘·毕克丘是印加统治者帕查库蒂于1440年左右建立的,一般认为是印加王室贵族的避暑地。旅游指南上推荐了一条从库斯科翻山越岭到这里的徒步路线,据说就是当年印加人使用的古道。这个地方因为其遗世孤立,皮萨罗于1533年攻陷库斯科后,也没有被他们发现。此后,印加王室的遗族还在这里避居了三十多年,以后,这些人突然消失,巨大的建筑群被雨林吞没掩藏。至于这个遗址为什么被遗弃,那些印加人又去了哪里,则成为一个巨大的历史谜团。三百多年后的1911年,它才被美国探险家重新发现。

今天我们所走的路径正是美国探险家开辟的路径。

也是当年聂鲁达来到这里时攀爬过的路径。

"跟我一起爬上去吧,亚美利加的爱。"

马克丘·毕克丘之巅

兄弟,跟我一起攀登而诞生。

给我手,从你那

痛苦遍地的深沉区域。

别回到岩石的底层,

别回到地下的时光,

别再发出你痛苦的声音,

别回转你空了孔的眼睛。

聂鲁达在这条山道上攀登是1943年,他在自传中说,他觉得应该给自己的诗的发展增加一个新的领域。于是,在秘鲁盘桓,登上了马克丘·毕克丘遗址。当时还没有公路,他是沿着这条山道骑马上去的。

我坐在车里,周围是来自世界各地的游客。车停下,停车场上簇拥错落着更多不同肤色的面孔,数十种不同的语言如泡沫翻沸。四周还是雨林高大的树木,从这里开始步行,一步步接近那个伟大的遗迹。道路仍然在上升,这正合我意,我想我需要长一点的时间来靠近马克丘·毕克丘。但是,当道路横向一道山梁,毫无准备,那片在电视、在图片上已经看见过无数次的石头遗址就出现在眼前。轰然一声,一片光芒在眼前辉耀,大片的强烈阳光反射在那些层层叠叠的石头建筑之上,在我的脑海中回荡,仿佛火焰颤动的声响。导游在身边说着什么,咕咕哝哝,口音浑浊,仿佛一只小口陶缸里沸腾的马黛茶。虽然是第一次抵达,这里的一切却早就熟稔于心,这是世界上少有的几个我不需要别人来解说的地方,但我需要他的声音,我也需要自己手持相机时连续响起的快门声音,不然,这里就太寂静了。虽然有那么多游客,有些在身边,有些已经迫不及待地进入了废墟,但一切还是显得那么寂静。这些石头压着石头的建筑自有一种宏伟的力量，用寂然无声宣示出来。今天是2017年6月23日。聂鲁达来到这里的时间是1943年10月，也是23日前后。年谱上只说他10月22日到达利马，然后前往库斯科和马克丘·毕克丘，11月3日已经回到智利圣地亚哥。虽然不知道他到达这里的具体时间，但眼前所见却还和当年一模一样。

他在自传《我承认，我历尽沧桑》中写道：

> 我从高处看见了苍翠的安第斯山群峰围绕的古代石头建筑。急流从多少世纪以来被侵蚀、磨损的城堡处飞泻而下。一团团白色薄雾从维尔卡马约河升起。站在那个石脐的中心，我觉得自己无比渺小，那是一个荒无人烟的、倨傲而突兀的世界的肚脐，我不知为什么觉得自己属于它。我觉得在某个遥远的年代，我的双手曾在那里劳动过——开垄沟，磨光岩石。

是啊，完成这样辉煌的建筑需要多少劳动、多少劳动者。

那么多的巨石，预先经过打磨，使之平整而光滑。垒成了墙体后，两块巨石之间的缝隙中甚至插不进一把最锋利的刀子。这些建筑是瞭望哨，神庙，祭坛，粮仓，王的宫殿，侍从和卫兵们的居所。穿行其间，或明或暗的水道和曲折复杂的通道一起把分布广泛的建筑联结成一个整体。这些五百年前六百年前就被打磨光滑层层垒砌的石头建筑，墙体大多完好无损，但都失去了顶盖。它们向着天空敞开。每一个房间都是一个空格，排列在一起就构成了一种奇特的图案，似乎有某种寓意，又或者就是一种几何图案，并没有意味什么。这种房有一块石头，当太阳从窗口照射进来，落在石头的某一部分，人们就会读出季节与时间。现在，那块石头中央的低洼处积存着一些昨夜的雨水，正在被强烈的阳光蒸发。这里，建筑群中央的高处，还有更大的巨石，是向太阳神献上人牲的祭台。现在，石头是那么光滑洁净，散发着雨水的味道。这座凝聚了印加人智慧、劳作和财富的建筑，成了可以吞没所有声音的废墟，寂静，以寂静获得永恒。

"独一的深渊里的死者，沉沦中的阴影。"墙头上长出一丛仙人掌，我就站在它多刺的宽大叶片的阴影之下。

导游还跟在身旁，还在嘟哝解说词，其中最频繁的那个词是：印加。

"印加，印加。"仿佛咒语一般。

可是印加已经死了。他们曾经非常伟大。现在，是一个印加的后裔，靠在游客耳边不断重复印加这个名字来谋取衣食。旅行社配发的T恤不怎么合身，他表情漠然的脸上有悲伤的浓重影子。

不如听聂鲁达对印加人说话:

马克丘·毕克丘之巅

从殷红色的柱头,
从逐级递升的水管,
你们倒下,好像在秋天,
好像只有死路一条。
如今,空旷的空气已经不再哭泣,
已经不再熟悉你们陶土的脚,
已经忘掉你们的那些大坛子,
过滤天空,让光的匕首刺穿;
壮实的大树被云朵吞没,
被疾风砍倒。
…………
等到黏土色的手变成了黏土,
等到小小的眼睑闭拢,
充满了粗粝的围墙,塞满了堡垒,
等到所有的人都陷进了他们的洞穴,
于是就只剩下这高耸的精确的建筑,
这人类曙光的崇高位置,
这充盈着静寂的最高容器,

如此众多生命之后的一个石头的生命。

…………

石块垒着石块；人啊，你在哪里？

空气接着空气；人啊，你在哪里？

时间连着时间；人啊，你在哪里？

是的，人道，激情，创造，文化，就是要在废墟中呼唤人的觉醒。没有人能回到过去，即便在过去辉煌的现场也是如此。但可以渴望新生，新的生机，新的成长。文化的要义是人的成长、人的新生。

"我只看见古老的人，被奴役的人，在田野里睡着的人。"

告别的时候到了，我站在一堆当年未曾用完的巨石的边上（未完成使命的石头，未产生意义的石头），下面，是平整的草地。这些草地以前是王室花园。花园漫过山脊，滑向另一边的山坡，又出现了，那些石阶造就的平整的条状梯田，直到悬崖边上。我有恐高症，看着悬崖下面很深处的河流，头晕目眩。

太阳已经当顶，是离开的时候了。

但我还想驻足凝望。

我看见一个身体，一千个身体，一个男人，一千个女人，

> 在雨和夜的昏沉的疾风之中,
> 与雕像的沉重石块在一起:
> 石匠的胡安,维拉柯却的儿子,
> 受寒的胡安,碧绿星辰的儿子,
> 赤脚的胡安,绿松石岩的孙子,
> 兄弟,跟我一起攀登而诞生吧。
> …………
> 我来,是为你们死去的嘴巴说话;在大地上集合起
> 所有沉默的肿胀的嘴唇
> ……为我的语言,为我的血,说话。

是的,巴勃罗·聂鲁达,他自觉担负起使命,为一切喑哑,说话。

临行时,我往水瓶里灌了些马克丘·毕克丘冰凉的泉水,在回程的路上,我往瓶中插上一支雨林中的热带兰花,紫色的、在纹理清晰的茎上仿佛振翅小鸟的兰花。兰花的仿生学,模仿飞行姿态的仿生学。

回程的火车上,它一直在我手中摇曳。

黄昏时分,回到库斯科。

当夜,睡在床上,听着窗外街道上人声喧哗,听着窗外街道上人声渐渐沉寂。

2017年6月24日,在秘鲁的最后一天。被阳光惊醒。

出门又是上坡路。导游告诉今天的行程,先上山,再下山,先城外,再城里。

行李也一并收拾好装在车上,游览结束,就去机场。

库斯科是古印加帝国的首都,海拔三千四百一十米。11世纪,印加人就兴建了这座城市。之后,经过一系列的战争,印加帝国达到它的顶峰,库斯科发展成为印加帝国辽阔疆域内的政治、经济、文化及宗教中心。在印第安克丘亚语中,库斯科的意思是"肚脐",引申的意义是世界的中心。在以哥伦布发端的地理大发现前,印加人把库斯科当成世界中心,就像中国就是中央之国的意思一样。

城外的山顶,又一个印加古代遗迹,名字叫作萨克塞瓦曼。这里累积着更多的巨石。据说,有些石头一块就有三百吨的重量。我们在这些石头中间穿行,但完全不知道这些废墟以前的用途。导游说,因为印加人没有发明文字。站在巨石阵中间的广场上,一边震惊和赞叹当年的印加人如何开凿加工这些岩石,如何把这些巨石运输到这里,如何将其垒成墙、门和某种用途的建筑,一边又感到不明所以,想问这些盘弄巨石的人目的何在。这样的感觉,在埃及的金字塔前有过,在英国索尔兹伯里平原的巨石阵前有过,在墨西哥玛雅文化的废墟上也同样有过。

然后我看到了那个高大的白色的耶稣雕像。

他站在废址边缘的一座小丘上，迎着太阳闪闪发光。这样的情景，在天主教的美洲不止一次见过。前些日子，在圣地亚哥，从聂鲁达故居出来，上山俯瞰山谷深处的圣地亚哥城，遥望城市另一边的安第斯山积雪的山峰。在我身边，就站着一尊同样颜色的高大圣母像，只不过，她面朝的是城市的另一边，她也在俯瞰城市里渐渐亮起来的灯火，朝着夕阳坠落的太平洋的方向。在巴西，里约热内卢，一座更加高大的耶稣像站立在城市的制高点上，俯瞰着蓝色的海湾和海湾边体量巨大的城市。

我站在库斯科的这位耶稣身边，东方群峰之上，太阳正在升起，照亮了那些平缓的土层深厚的峡谷。太阳照亮古印加强大的基础，它丰饶的农业地带。

亚美利加

我睡眠，包围在广大的黏土之中；
我活着的时候，我的手里
流动着丰饶土地的泉源。
我喝的酒并不是酒，而是土地，
隐藏的土地，我嘴巴的土地，
披着露珠的农业的土地，
辉煌的菜蔬的疾风，

谷物的世系，黄金的宝库。

阳光也照亮了山坡下方的库斯科城。

库斯科城是砖红色的。

印加的库斯科城不是这颜色。

印加的库斯科城是闪着金属光泽的石头的颜色。

1533年，西班牙殖民者攻破了这个城市，使之遭到毁灭的重创。掠夺者为了得到黄金与宝石，毁掉了宏伟的神庙。当然，也不只是黄金，更重要的是要用他们自己的神代替印加人的神。新的神君临了库斯科。我现在就站在他的造像前，和他一起俯瞰着早晨灿烂阳光下西班牙人建造的砖红色的库斯科。

西班牙人在印加人太阳神庙的废墟上建筑教堂和修道院。印加人的广场改变为武器广场。又是武器广场。几个月后，在古巴，我在哈瓦那旧城中心也到过一个武器广场。殖民时期的库斯科因为波托西的银矿开采而繁荣，但1650年的大地震使这个城市毁于一旦。1670年，城市按照巴洛克风格重建，这就是我们今天看到的库斯科。除了需要超拔高度的教堂和市政建筑，这个城市所有的屋顶都覆盖着赫红色的瓦，这是整座城市红色基调的来源。

聂鲁达曾经站在这里俯瞰过我眼前的景象吗？也许有，也许没有。不管他站在哪里，看到的，缅怀的，深怀同情的，还是古老印加。他在这里歌唱过那个他已视为精神源头的印加：

人　类

库斯科的天亮了，
仿佛高塔和谷仓的宝座；
这个脸色浅黑的种族，
它是世界思想的花朵；
在它摊开的手掌上，
跳动着紫晶石帝国的冠冕。
高地上的玉米，
在田畦中萌芽，
人群和神祇，
在火山小径上来往。
农业，使厨房的王国
弥漫着香味，
在家家户户的屋顶
披上一件脱粒的阳光的外衣。

诗中所写，是1533年前的印加。我们下山，朝着今天的库斯科，要进入那片泥土被焙烧过后的红色。

城里已经人山人海，水泄不通。太阳节在今天达到高潮。

游行的队伍一队接着一队，奏乐，歌唱，舞蹈。游客挤满街边的人行道，每前进一步都需要很多身体接触，需要付出很大的努力，来挤过那些身体：柔软的，坚硬的；肥胖的，瘦削的；暖烘烘的，冷冰冰的。终于到达了武器广场的边缘，又一队游行队伍且歌且舞地过来了，鲜花围绕的肩舆上，端端坐着一尊圣母像。人群向着圣母所来的方向拥去，人群又随着圣母所去的方向跟随。

这使得我终于可以走上武器广场前库斯科大教堂的台阶。

我问了导游一个问题，不是太阳神的节日吗？为什么抬着圣母游行？

导游说了句什么，他的声音低下去，我没听清，其实也没打算听清。

聂鲁达写过这样的情形，在《背叛的沙子》这首长诗里有一节《利马的迎神赛会》：

　　人真多，他们用肩头
　　抬着神像，后面跟随着的
　　人群那么密集，
　　仿佛大海涌出，
　　发着深紫的磷光。
　　……………

> 整个秘鲁都在捶着胸脯，
> 仰望这尊圣母的塑像，
> 只见她一本正经，装模作样，
> 打扮得天蓝粉红，
> 在汗臭弥漫的空气中，
> 乘着她糖果蜜饯的船，
> 航行在攒动着的千万人头之上。

我穿过武器广场，身后，武器带来的圣母正被簇拥着远去，我走进教堂。

真是一座辉煌的教堂。那么多纯净的黄金在穹顶下闪闪发光。神像在闪闪发光。壁龛，布道台，一幅幅宗教绘画的边框都在闪闪发光。那是黄金的光芒。这些黄金，曾经装点过太阳神的威严，曾经是印加国王的荣耀。现在，都在这座天主教堂内闪闪发光。

我们在一幅幅绘画前流连，那是在印加之后展开的历史，新世界的历史。

导游提高了声音，他提醒我注意一些绘画和建筑的细节。他说，当初修建这座教堂，使用的大多是印加工匠，他们不甘心于印加文化的湮灭，所以，悄悄在天主教建筑中加上了一些隐秘的代表印加文化的符号。

我们浏览那些带着隐秘符号的地方，最后，站在了这座教堂最有名的那幅绘画前。

这幅绘画名叫《最后的晚餐》。这幅画和达·芬奇的同名画描绘同一个故事：耶稣和他的门徒们一起吃饭。他在画中平静地说，你们其中的一个人向罗马人出卖了我。库斯科教堂这幅画正是对达·芬奇名画的模仿。唯一不同之处，是耶稣和他门徒面前的食物，餐桌上摆的竟是印加人的佳肴——豚鼠，而且是一整只剥了皮的光滑滑的豚鼠，躺在盘子里，还呲着啮齿类动物尖利的牙齿。对那个画家来说，这意味着什么？本土化？还是反讽？这个已经不得而知，也不重要，反正那幅画就醒目地挂在那里。

有趣的是后来的解读。我的印第安导游说，这是本土文化对殖民文化的反抗。而另一种更官方的解释是说，包括大教堂在内的整个库斯科的建设，都考虑了西班牙风格和印加风格的融合。

也许是的吧。也许都是的吧。

我倒是愿意重温聂鲁达的诗句：

死　亡

我不买教士们出售的

一小包天堂，也不接受

>   形而上学家为了
>
>   蔑视权势而制造的愚昧。

一个半小时后,我将坐上飞机。利马。休斯敦。旧金山。成都。不管飞行多么漫长,但我此次有聂鲁达相伴的行程已经结束。

聂鲁达在他的自传中说得好:"他们带走一切,也留下一切。他们给我们留下词语。"

秘鲁,再见。

秘鲁,还是用聂鲁达的诗作为结束吧。用《诗歌总集》最后一首诗《我是》的结尾来结尾吧。这篇旅行中的读书记,以这段诗开篇,也以这段诗作为结束。这纯粹是一个巧合:

>   我的这些歌的地理,
>
>   是一个普通人的书,是敞开的面包,
>
>   是一群劳动者的团体;
>
>   有时候,它收集起它的火,
>
>   又一次在大地的船上
>
>   播撒它的火焰和篇页。
>
>   这些话要重新诞生,
>
>   也许在另一个没有痛苦的时光,

没有那污秽的纤维

沾染黑色植物在我的歌中；

我的炽烈的星星那样的心，

将又一次在高空燃烧。

这本书就在这里结束；在这里

我留下我的《诗歌总集》；它是在

迫害中写成，在我祖国

地下的羽翼保护下唱出。

今天是一九四九年二月五日，

在智利，在戈杜马·德·契纳，

在我年龄将满四十五岁的

前几个月。

读卡彭铁尔《光明世纪》

把书房的每一架书柜都搜罗了一遍,卡彭铁尔的书不见了。

常常发生这样的事,很久不读的书就这样消失了。又去书店寻卡彭铁尔,找到两本,一本短篇集《时间之战》,一本长篇《光明世纪》。读卡彭铁尔真是很遥远的记忆,还是20世纪80年代。这两本书要在去古巴的路上读,还是忍不住要先翻翻。结果,出发前两天,就把《时间之战》看完了。当年觉得很新奇的写法,今天看来,已然没有什么新鲜感。实验性、观念性太强的作品,时移世易,就会迅速枯萎。出行时,只带了《光明世纪》。老习惯,去一个国家,就读这个国家的作家的书。去年6月间,去智利和秘鲁,带着聂鲁达的诗和略萨的小说。这回到古巴,带着卡彭铁尔。都是重读。智利的大地,是聂鲁达那些诗歌生长的土地。在秘鲁首都利马,当地朋友带着我走街串巷,去看略萨在《城市与狗》中写到的那些街道。我在秘鲁天主教大学讲座的题目是《我就是略萨笔下的阿尔贝托》。阿尔贝托是一个军校生,是《城市与狗》中的一个角色。他因为多愁善感而开始反思生活并尝试记录,所以有着"诗人"的绰号。

所以,去古巴当然要带着卡彭铁尔。

他是拉美作家中最早用超现实笔法书写荒诞现实的先驱,是魔幻现实主义文学流派的开创者之一。

《光明世纪》这本书的主题是关于革命的,受法国大革命推动而产生的美洲革命。其写法在当时也是革命性的。有意思的是,卡彭铁尔用受法国影响的艺术手法写受法国革命影响的革命,从而引起一场影响更为广泛的文学革命。魔幻现实主义的发生,有法国超现实主义的影响。去古巴,再读一次这本书,应该是值得的。

上了国际航班,读这本书短短的两页不到的序篇。那是预示革命到来的句子:

> 今晚我看到断头机重新架设起来了。那是在船头上,断头机像一扇向辽阔天空敞开的大门。

输出革命的船载着象征暴力的断头机向美洲扬帆起航。

我在机舱里读着这样的句子：

> 船载着我们，朝着它的方向缓缓前进，宛如陷入了昏睡，不知有昨日和明日。时间停滞在北极星、大熊星座和南十字星座之间。

那是南半球的星空，我现在正是要去到那片天空下面。和船不一样，飞机是一个闭锁的空间。客舱灯光调暗，只有阅读灯还开着，照亮书上的这些字和词。瞌睡在弥漫，从一个人开始，感染到所有人。我也读不下去了。一觉醒来，已经在阿姆斯特丹。换乘飞机。又一觉醒来，距哈瓦那只有一个半小时的航程了。飞机正在飞越美国佛罗里达半岛，飞越迈阿密。正是夕阳西下时分，稀薄的云层下面，陆地上，河流和湖沼都在闪闪发光。然后，飞机来到海上。宽阔的水面反倒变暗了，从高空望下去，海静止不动，像一块坑洼不平的巨大金属板，也像凝结的冰面。《光明世纪》里向拉美输送革命的船，一定航行过这片海面。我寻找船影。有船，是万吨级赭红色的集装箱货船。从万米高空望下去，也深陷在暗绿的有着微弱金属光芒的海面，一动不动，像是被冻住了一般。加勒比海是不会上冻的。飞机下降，海越来越近。海面上一动不动的白色变成了层层波浪，一道道涌向岸边，拍击着平缓的海岸。从北方进入的飞机,几分钟就越过了狭长岛屿的腰部,在岛的南边降落。那就是哈瓦那。

在计划经济时代的社会主义社会生活过的人,一下飞机就有些先入为主,在寻找回忆中那些熟悉的印迹。海关的警察,检查行李的机场工作人员,程序很严密,办事的人都带着用漫不经心来体现的优越感。去酒店的路上,来往的小汽车们大多都过了报废年限。酒店没有漱口杯,洗浴设备有问题——浴缸底的塞子不在了,把盆浴转换成淋浴的那个小提手消失了踪迹。信用卡不好使,要用现金——美元或欧元,不是换成当地现金,换成外汇券。重读卡彭铁尔是回到过去,置身于这样的情境中,也是回到曾经的过去,真是一次双重的回返。

和当地人交谈,差不多每个人都会突出古巴历史的分期,那就是"革命前"和"革命后"。这个时间是1959年,我出生的那一年。住在革命前的富人区,如今这里是一家挨一家的旅游酒店和一些国家的大使馆。距离古巴人民生活的城区有好几公里远。

在这里读关于革命的小说,还是一件颇有意味的事情。

在我的经验里,雨果这样的大师除外,写革命的作家总是有些着急,有些心急火燎。这也许跟题材有关,革命常常迫不及待,操之过急。但这本三百四十多页的书,却有八十页从容叙述革命前一个家庭的情形。哈瓦那,一个富有的家庭在失去母亲多年后，父亲也死了，留下兄弟两个，弟弟是个身体孱弱多病的少年，名叫埃斯特万，表姐索菲亚离开修道院来照顾他们。家族的生意由遗嘱执行人打理。后来出现了一名来自海地太子港的商人维克托，强行进入他们的生活。他向三姐弟揭发遗嘱执行人正在侵吞他们家族的财产。就这么一点事，如果急于叙事，或者说只将小说理解为单纯的讲故事的文体，三千字就足够了。但卡彭铁尔足足写了八十多页。而且写得那么情感丰沛，语词绵密，富于想象。到作者只在小说中讲故事，读者也只在小说中寻找故事的时候，小说就死亡了。

小说文本确实应该有故事之外的很多东西。

这本小说写了八十多页后，故事才真正开始。

遥远的法国爆发大革命的消息传来，哈瓦那这座城市也开始动荡。社会动荡使得富人们感到不安。谣言四起时，由于惧怕革命，维克托和埃斯特万一家逃往乡下的庄园，接着又逃出古巴，逃往海地。

同在加勒比地区的海地也爆发了黑人起义。革命有种种形式，被压迫人种的反抗也是革命的形式之一。在这场革命中，商人维克托的产业毁于愤怒之火。当一个人失去了财产，就不再惧怕革命了。维克托带着埃斯特万来到了革命的发源地——大革命高潮时的法国，投身于革命。身体孱弱的埃斯特万主要靠阅读和传播革命的宣传品来挥洒激情。维克托却是真正的行动派，以至于法国革命政权委派他率领一支舰队离开法国到加勒比地区发动革命——也就是小说序篇里写到的船上载着断头机的那支船队。法国大革命的断头机要了国王和王后的命，也要了许多革命者的命。现在，断头机又登船前往美洲，在海外殖民地的岛屿上竖立起来，以镇压那里的抗拒革命的保皇派。维克托前往美洲的时候，除了断头机，还带着一台印刷机，"紧张地印刷宣传小册子"。对民众来说，这两样东西都是非常刺激的。阅读宣传革命的小册子，有前所未有的冒犯的快感——冒犯上帝，冒犯神圣教会，冒犯既定的社会秩序，冒犯以前都不敢用正眼去看的上等人。断头机提供更强烈的快感。惊恐，等待高升的刀片落下；超越惊恐，当鲜血四溅，一个人身首瞬间分离。"铡刀在观众的呼叫声中落了下来。"鲁迅曾愤怒于中国人爱围观杀头，其实，在这一点上，中国人不必过于自责，全世界的人都喜欢这样的围观。"两个人被处决完毕……但是人群没有散开，也许是当时惊呆了，他们没有想到，这个悲剧节目会这样短促，那鲜血还在舞台的木板缝中流淌。人们和泥塑木雕一般，许多人为了摆脱恐惧，突然跳起了舞。"这场血雨腥风的革命中，埃斯特万的工作则是把《人权宣言》等革命文件翻译成西班牙文。只有在这些文字里，革命才显得纯净、高尚、理想而富于激情，而在其复杂的实践中，则完全是另一副样子：盲目而残酷。

尤其是当法国大革命失败，那些革命者（罗伯斯庇尔们），也被以革命的名义竖立起来的断头机铡掉了脑袋。此时，拉美殖民地的革命在维克托的领导下就成了另一种样子。他要的不再是革命，而是维持自己并不稳定的统治。铁面的革命者维克托变成了另一副模样："灰心失望，内心矛盾，放高利贷，甚至厚颜无耻。"

权力是革命者的宿命。

正由于此，埃斯特万离开了维克托，离开了变异了性质的革命，回到古巴，回到了哈瓦那，过回他革命前有钱有闲阶级的生活。我在哈瓦那的几天时间里，也曾在那里走街串巷。我以为会在什么地方遇到古巴人自己的伟大作家，但遇到的都是美国作家海明威。海明威去过的酒吧，海明威住过的饭店，海明威驾着游艇出海钓鱼的海湾，海明威豪华的旧居。但没有卡彭铁尔。不像几个月前在秘鲁，在利马走街串巷，陪同的当地朋友会告诉你这就是略萨《城市与狗》中那些军校生们到过的某某街、某某巷。哈瓦那有很多殖民时期的老建筑，我想，其中的某一幢，或许就是卡彭铁尔笔下埃斯特万家的原型。但没有人提到这个。对一个外国游客来说，真正的古巴沉默着，明白显现的是收取外汇券的朗姆酒和雪茄烟。

哈瓦那港口两旁至今还耸立着西班牙殖民者建造的城堡与炮台。

我站在那钢蓝色的海边时就想,对革命心灰意懒的埃斯特万就是从这个港口归来的。而他的表姐索菲亚却又离家出走,在这个港口登上了一条远航的船,去投奔那个变异了的革命者维克托。她参加革命的方式,就是献身于自己崇拜的革命者。在那个已从革命者堕落为独裁者的维克托的床上,"索菲亚惊喜地发现了她自己的性感世界","整个身子因委身于人而欣喜若狂"。

这种狂欢也只持续了很短的时间。她很快就发现,维克托并不是那些宣传激进革命思想的小册子中的那种革命者。于是,她离开了他,乘船前往欧洲。埃斯特万和索菲亚姐弟俩对维克托的失望正意味着革命的破产。

小说结束时,索菲亚和埃斯特万在马德里离群索居。这时,西班牙也发生了革命。索菲亚和埃斯特万走上街头,在流血冲突导致的大混乱中,从此消失不见。

古巴是革命之地。除了卡彭铁尔笔下的那次革命,1959年,古巴又一次革命成功。这次革命由菲德尔·卡斯特罗领导。这次革命建立的政权一直延续到今天。哈瓦那城里,四处都有这场革命的领导者之一切·格瓦拉的画像,戴着贝雷帽,叼着雪茄烟。他是中国大城市部分青年人的偶像。格瓦拉献身在丛林游击战中,他的中国崇拜者大多沉迷在喧闹的酒吧里。一天晚上,我的西班牙文翻译,从墨西哥来的莉娅娜带我去了一个喧闹的酒吧。墙上陈列着前卫的摄影与绘画，人们在重金属摇滚中摇动身子，手中是一杯朗姆酒或薄荷酒——"海明威喜欢的酒"。这样的场合里，很少古巴人，大多是我们这样的外国游客。在这里，又无数次看见切·格瓦拉。在光头或小辫男的背上，在穿着暴露的女青年的胸前或胳膊上。在这里，革命就是试图颠覆一切审美秩序的摇滚歌手声嘶力竭的呼喊。

走出这样的场所，那是一个贫困无趣的世界。

货物稀少的商店里售货员对顾客爱理不理；公共厕所都有把门的，用西班牙语和英语或别的什么语说：钱，钱。

在我到达哈瓦那的第二天，传来一个消息，古巴革命领导者的大儿子，因患抑郁症自杀了。也许他也像卡彭铁尔笔下的埃斯特万，对革命感到厌倦了。

书里的革命是充满激情的，是富于献身精神的，闪烁理想主义的灿烂光芒、生命原始活力的光芒。革命后的社会景象却是如此苍白而荒凉。在卡彭铁尔笔下，革命的领导者承诺了很多东西，但在革命后，却一项都不能兑现。即便暂时兑现，又都在革命成功后被迅速收回了。革命者堕落为当权者，开始担心自己的地位会被新的革命者所动摇。

一周时间，白天，我在革命后的世界中游走；晚上，在房间卧读《光明世纪》。

现在，再有十分钟，就到退房时间。

在这个房间，六天时间，我终于读完这本《光明世纪》。再见，卡彭铁尔！再见，古巴！

晚上七点，飞机升空。夜幕已经笼罩了这个岛国。贴着舷窗向下俯瞰，我得说，我从来没有见过一个两百多万人口的城市，如此灯光黯淡。睡不着，躺下来再读《光明世纪》中的一些段落：

> 两天过去了，每天都是在谈论革命，索菲亚惊讶地发现她对这个新话题竟如此狂热。谈革命，想革命，在思想上深入革命之中，这使人获得一点儿世界主人翁之感。谁谈论革命，谁就会卷进去。这样那样的特权必须取消，那就得取消，这是一望即知的；这样的压迫是可憎的，那就得采取措施加以反对，这完全正确；这位要人是无耻之徒，那就一致判处他死刑，这是十分清楚的。地基清扫完毕，便着手建造"未来之城"。

历史上发生过许多革命，也描摹过不止一座"未来之城"的蓝图，只是那些理想之城尚未出现。每一个世纪都希望自己是一个光明世纪，但那个光明世纪尚未出现。

从中国偷走茶叶的英国"罪犯"
——读《茶叶大盗:改变世界史的中国茶》

一本中国人读起来会有些难过的书。

其实,但凡读晚清和民国史,基本上都会让人有些难过。

这是一本人物传记。一个英国的小人物,通过来中国偷窃茶这种植物的种子,而功成名就的故事。这个故事的主人公叫罗伯特·福钧(福钧是本书译者的译法,以前通常译为福琼)。

植物猎人

福钧只上过小学。他的植物栽培知识与技艺是从当农场雇工的父亲那里学来的。子承父业,他也成了一个园艺工人。

他的自然知识不是来自大学教育,而是"拜职业学徒生涯所赐"。他是一个一心想改变自己社会地位的人。所以,他一边工作,一边学习,获得了一张"一流园艺从业资格证"。即便这样,他也就是一个好园丁而已。但就是靠了这个资质,在英国对大清国发动第一次鸦片战争后,他成了英国皇家园林协会派往中国进行植物考察的第一人选。

第一次鸦片战争刚刚结束的1843年,福钧进入中国,用三年多时间,把许多中国植物带回了英国。这份清单包括了迎春、荷包牡丹、蒲葵、栀子、芫花和盆栽的金橘。

那个时代,从欧洲出发,去往全世界采集新奇植物的人,有一个专门的称号:"植物猎人"。这些人在植物科学的发展上当然是有贡献的,但在当时,商业目的才是最主要的考量。

那时的英国,"一种新型的、专门向英国家庭供应花花草草的市场随之发展起来","拍卖行内充斥着来自海外的植物"。因此在全世界范围内寻找新奇植物的人也被称为"植物淘金者"。

福钧此行还写了一本书《华北各省三年漫游记》。

那时,殖民印度的不是英国政府,而是英国的东印度公司。这个公司向中国倾销有毒的鸦片以换取茶这种健康饮料。鸦片战争也是由巨大的商业利益驱使而发动的。

东印度公司为了打破中国对茶叶生产的垄断,开始尝试在印度种茶。在此情形下,东印度公司特别渴望得到中国优良的茶树品种和中国人栽培茶树及制作茶叶的特殊技艺。

当时的清朝政府"禁止外国人访问任何一种茶叶种植

区"。而当时的英国人除了酷爱饮茶外,对茶确实一无所知。连他们的植物学家都认为红茶和绿茶是来自两种不同茶树的。在此情形下,已经在中国取得成功的福钧便被东印度公司看中了。

偷窃茶树

1848年,福钧再一次前往中国。目标,中国茶树和茶种。

在上海,他尽量把自己打扮成一个中国人。穿中国长衫,剃掉头上前半部的头发,还弄来一根假辫子,用马鬃和自己的真头发编织在一起。然后,再雇上一个翻译,和搬运行李的苦力坐船深入中国内陆。

他先去了浙江,再往安徽。奇怪的是,长着一副欧洲人面孔的福钧因为头上的假辫子,以及一身中国式长衫,竟没有引起过人们的怀疑,也没有经受过有守土之责的政府官员的盘查。

他在上海雇用的王姓翻译兼仆人就出身于一个以种茶为生的安徽农家。到了安徽省,福钧就住在王家,并在王家附近的松萝山上从容地开始了他的偷窃工作:采集茶树苗和茶树种子。

这些东西装满了一只又一只箱子。他有一种颇有科技含量的玻璃箱,装进活的茶树苗后密封起来,经过数月的海陆运输后,这些植物依然是活的。他还自由地进入茶叶加工作坊参观,把一整套制作绿茶的工艺记录下来。后来,他又"拜访了另外三处著名绿茶的产地"。

福钧的收获是一万三千棵茶树苗和一万颗茶树种子。这些东西从上海装船运往印度，又分别栽种到阿萨姆和大吉岭的植物园中。只是因为管理植物园的英国人毫无种茶经验而导致了这次引种的失败。

但他在中国茶叶作坊里的发现，却使英国人从此远离绿茶而专嗜红茶。他发现中国人为了让茶叶更好看，有更饱满鲜艳的颜色而在制作茶叶时加入有毒的化学添加剂。一种是亚铁氰化铁，又叫普鲁士蓝。另一种是石膏粉。添加它们是为了使这些茶叶"看上去整齐漂亮。"

福钧还从现场取得了有毒添加剂的样品，"这些东西将在1851年的伦敦世博会上被隆重展出"，"这将为英国自行种植、加工茶叶提供无可辩驳的依据"。

1849年，福钧再次来到中国。这次他从浙江进入福建武夷山区，寻找红茶树和种子。这次，他雇了一个家乡在武夷山的中国人胡兴做他的仆人。他需要胡对武夷山的了解，需要胡会讲闽南语的特长。这一回，他已经不担心自己的化装会被人识破，因为他相信"这一带的人们不曾见过哪怕一张西方面孔"。

他看到了那么多茶园，并在这些茶园里仔细观察并记录采茶工序。他还进入寺院与和尚们一道品茶，并仔细观察与记录泡茶的技艺。烧什么样的水，烧到什么程度，怎么洗茶，怎么在洗茶的同时预热茶杯，怎么冲泡，怎么品尝。

他还去了仅有几株大红袍的岩壁下面。最后，他从那里带回几百株树苗，"它们都是大红袍的后裔"。他离开武夷山的时候，寺庙的方丈还送给他"几株珍贵的茶树和茶花"。

福钧回到上海，用那种叫作沃德箱的玻璃箱子往印度运去成千上万棵茶树和更多的种子。

为了让这些茶树更好地在印度的大吉岭茶园中成长，福钧于1851年雇用了八名中国制茶师，一起登船前往印度新开辟的茶园。他此行还带着全套的制茶工具："烤箱、铁镬、用于炒茶的宽大铲子"，"一大堆各式各样的制茶工具"。还有一些茉莉之类的香料植物。因为他"发现中国制茶工在包装茶叶之时，常常将这些香料植物一并装入包裹内，以增加茶叶的香气"。

然后，"只用了一代人的时间，英属印度新生的喜马拉雅茶产业，无论在茶叶质量，还是在茶叶产量或是价位上都超过了中国的茶叶产业"。"当福钧已是白发苍苍时，印度出产的茶叶已经全面压倒了中国产品，中国茶叶在西方市场上失去了竞争力。"

知识产权

这本书的作者萨拉·罗斯是一个美国人。这是她的第一本书。难能可贵的是，作为一个西方人，她明确指出，茶树、茶树种子和制茶技术都是福钧从中国偷走的，福钧就是一个罪犯,而东印度公司则是"这场人类有史以来最重要的商业机密盗窃案的幕后黑手"。

在西方,知识产权和商业机密的概念明晰化正与鸦片战争发动的时间相当。萨拉·罗斯引用了1845年美国一个有关专利权判例中法官的判决词:"只有这样我们才能保护知识产权,这种所需精力和兴趣不亚于一个人……种植小麦或饲养羊群所花费的精力和兴趣的脑力劳动的成果。"既然此时西方人已有这样的认识,那么福钧受东印度公司委派进入中国寻求茶种那就真是一桩明知故犯的罪行了。

萨拉·罗斯在书中指出:"茶叶符合知识产权的全部定义:它是一种商业价值极高的产品;制茶需要遵循一整套受中国严密保护的准则和中国式的独特程序;这套完整的准则和程序是中国茶叶对其竞争对手保持巨大优势的秘密所在。"

值得注意的是,福钧这个巨盗行为一直得到中国人的帮助。也许我们可以说那是因为当时蒙昧的尚未走向现代社会的中国人不懂得知识产权这个法律概念。但今天,中国已经是一个法制社会,而对于大部分人来说,尊重知识产权的观念与习惯尚未养成。虽然方式与过去有所不同,但随意侵犯知识产权的事情,在机构,在个人还在广泛发生。

在这一点上,我们很多人和机构在现代社会中还处于前现代的意识状态。

一头煽动了鸦片战争的商业巨兽
——读《东印度公司：巨额商业资本之兴衰》

读完茶叶大盗福钧的故事，一本关于雇用了这位大盗的东印度公司的书又到了手边。读书总是这样，至少我读书总是这样。读自己需要读的书，不是因为人家在读，所以去读，而是因为自己正在写着什么，思考着什么，而这书或者有很好的观点可以给我启发，或者其中有以前未见过的翔实而生动的材料。这样读来，自然会比跟风读书有更多的收获。

一本书带出另一本书，书与书之间，会形成环环相扣的知识链条。知识互相连接，才不会形成互不连续的知识孤岛。

《东印度公司：巨额商业资本之兴衰》这本书，出差时购于首都机场。回家，就放了起来。那段时间都在读清代或民国时那些在中国土地上如入无人之境的探险家的故事。一连读了好几本，斯坦因、伯希和、顾彼得、约瑟夫·洛克，他们自己写的书，或别人写他们的书。读这些探险家传记，福钧是最后一本。因为正在写一部以西方探险家为主人公的小说,这是小说的准备时期。小说开始以后,这些书就要封存起来了。写作期间要读与写作内容不相干的书。

现在来看这个东印度公司。首先必须说明,这里说的是英国的东印度公司。因为那时的欧洲还有别的国家的东印度公司,比如荷兰的东印度公司。这些公司最初都是因为渴望东方(中国自然也在其中)物产而建立起来的,其目的,都是要把东方的物产输送到欧洲。

比如紧接着葡萄牙崛起的海上强国荷兰,从1595年开始,相继成立了十四家贸易公司,在亚洲特别是印度和东南亚一带收购胡椒和香料。这些公司彼此竞争,打价格战,结果造成在亚洲的收购价不断提高,而在欧洲的销售价不断降低。最后发现联合才是赢取最大利润的成功之道。如何解决这个恶性竞争带来的问题?联合。于是,世界上第一家股份公司于1602年诞生了。

此前两年,英国的东印度公司成立。1602年,这家公司的四艘航船从伦敦起航驶向东方。经过半年的时间到达苏门答腊,在此装载一百零三万磅胡椒驶回英国。相比荷兰东印度公司,这时的英国东印度公司在组织形式上还很落后,他们每次出航前才募集资金,船从东方回来,销售货物后就按股份分取利润。严格说来,算不上规范的公司运作。自然也无法与荷兰的股份制公司相抗衡,最终被荷兰人挤出了香料产地。

直到1657年，英国的东印度公司才改组为永久性的股份公司，"重新踏上了东方贸易的旅程"，向荷兰对香料贸易的垄断发起挑战。两家东印度公司的相互竞争，其实也是新崛起的海上强国英国对旧的海上强国荷兰的霸主地位发起挑战。为此，英国和荷兰两国间还爆发了三次海上战争。

在人类史上，从未有过这样的战争，其目的只是为了争夺贸易利益。而这些贸易物并不是什么不可或缺的战略物资，而只是一些可以丰富食物味道的东西：胡椒、肉桂、丁香……贩运这些物品唯一的好处就是带来利润，使资本增值。这是人类历史在工业革命以前发生的一个革命：商业革命。从此以后，很多战争就不再单纯是为了争夺权力与扩张领地而发生的了。

残酷的竞争还在继续。贸易物的清单中又增加了新的品种：纺织品，印度的纺织品。主要是棉布，也有丝织品。本来，东印度公司想向印度出口英国的毛纺织品，但手工纺织技术更先进的印度并不接受，那里炎热的气候不适合使用英国的毛纺织物。对欧洲人来说，"棉花的使用令生活在不知不觉中变得细腻而丰富"。和进口香料不同，印度棉对英国的毛纺织业造成了巨大冲击，英国甚至还通过法令禁止棉织品的进口和使用。但这些法令最后都没有得到认真执行。人类历史上好像没有一个政府要禁止什么，令行禁止，并完全禁绝成功的例子。东印度公司照样在棉纺织物的贸易中获得利益。他们贸易物清单中的物品继续增加：咖啡和茶叶。

英国人开始喝茶了。

"英国人饮用茶叶的习惯在形成初期，是由公主或女王这些身份高贵的女子率先引领的"，起始点是1662年。在以后的几十年间，茶叶作为一种昂贵的奢侈品，还只是在以"宫廷为中心的上流阶层中流行"。1664年，英国一共只进口了两磅两盎司，也就是不到一公斤的茶叶。一百年后，英国一年消费茶叶三百七十三万磅，进入了全民消费的时代。

因为茶叶，中国被动地加入了正日渐兴盛的世界贸易体系。1697年，两艘英国船到达厦门，中国茶叶从这里第一次直接运往英国。以前，英国人和荷兰人都是从印度尼西亚间接得到中国茶叶。1704年起，英国开始就直接从中国进口茶叶与清廷进行交涉。闭关锁国的清朝对此并无什么兴趣。经过英国人十多年的努力，清朝才终于同意英国人进入广州进行茶叶交易。1717年，东印度公司首次从广州发船把中国茶叶运往英国。英国东印度公司因为这种新增的贸易物而实力倍增。

实力的增加刺激起更大的野心。

后来，在印度发生了人类史上第一次由一家公司组织军队发动的战争。东印度公司建立了一支由英国人担任军官，印度人充任士兵的军队。这支军队在印度发动战争，首先占领了孟加拉地区。战胜者从印度莫卧儿王朝那里夺得了征税权，并把征得的税收作为公司的收入，使得其利润大幅度增加。之后，东印度公司不断发动战争，扩大征税的地域，最后，直接从莫卧儿王朝取得整个印度次大陆的统治权。一家公司拥有了一个人口众多，幅员广阔的殖民地。是的，印度这块殖民地不是由国家，而是由一个国家的公司建立起来的。这个公司任命各级官员统治这个国家，掠夺这个国家。

东印度公司这种行为在英国国内也招致了强烈的反对，这倒不是因为他们践踏了一个国家的主权，而是因为其垄断了从印度到中国，从香料到茶叶的贸易。

那个时候，除茶叶之外，东印度公司还从中国购买大量的瓷器和丝织品。他们遇到的一个问题是，英国如此需要这些中国商品，中国却不肯购买来自英国的商品。于是，富于商业智慧却没有道德考量的东印度公司这头商业巨兽就发明了一种商品。

这种商品就是从印度生长的罂粟提炼而来的鸦片。这种商品利用的是人性的弱点。清朝政府当然要禁止，但在民间，包括那些执行这项禁令的各级官员，却渴求鸦片所提供的身体与精神的快感。大清国，这个拒绝正常贸易的国家的意志，终于被这种毒品所瓦解。以前，都是英国人用银子来换取中国货，造成巨大的贸易逆差，但鸦片流入中国，这种情形就发生了改变。大量白银外流，引起清帝国严重的财政危机。于是，禁烟。

这时的东印度公司，先是于1773年掌握了印度鸦片的专营权，又于1797年取得了鸦片生产的垄断权。东印度公司派福钧前往中国盗取茶种和制茶工艺，是为了商业利益。在印度种植罂粟，并向中国倾销鸦片也是为此。他们已经出于商业利益的需要使用武力把印度变成了自己的殖民地。所以，当林则徐在虎门销烟时，他们自然也就不惜为了倾销鸦片而对中国发动战争。这就是中国人都熟悉的鸦片战争。这也是中国这个东方古国走进百年屈辱历史的开端。一个封闭的国家，被迫开放口岸与外国通商。

奇怪的是，在我们国家，一般性地论述鸦片战争的文字自然不在少数，但真正研究这场战争深层原因，以及研究策动并导致这场战争的东印度公司的文字少之又少，尤其是大众读物更是一片空白。

最后，说一说东印度公司的终结。

英国工业革命爆发后，工业资本家作为一个新兴的阶层崛起，他们创造出新的生产技术、新的工业产品，而东印度公司这种垄断性的资本对他们的发展形成巨大的阻碍，他们自然要为打破这种秩序而对东印度公司这样的商业资本发起挑战。在东印度公司成立并称霸两百多年后，其由英国王室授予的贸易垄断权被全面废止。这个商业与政治合体的巨形怪兽的末日来临了。

最直接的导火索是枪支技术的进步。

英国恩菲尔德兵工厂发明了一种叫P53的新式步枪。东印度公司以这种更先进的步枪替换雇佣军使用的棕贝丝步枪。这支雇佣军有两万六千名英国军官和二十万名印度士兵。这种新式步枪将提升士兵们装填弹药的速度,但在操作上,士兵必须用嘴把涂满润滑油的弹药包打开。英国人做这种事情时,有效率的考量,却没有文化的权衡。于是,危机因为这点润滑油而爆发了。

弹药包上的油是用牛和猪的脂肪混合而成的。而使用这些弹药的印度士兵不是印度教徒就是伊斯兰教徒,牛和猪身上的东西,正分别是印度教徒和伊斯兰教徒的禁忌。东印度公司采用这种润滑油,是由于其成本低廉,但他们漠视了士兵的宗教禁忌而在军队中强行使用。于是,反抗发生了。拒绝使用的士兵被严厉处罚,甚至被投入监牢。

惩罚激发了更大范围的反抗。1857年,起义发生,印度士兵们杀死英国军官,烧毁东印度公司的办公场所和货物。很快,起义就在全印度蔓延开来。东印度公司不得不请求英国政府派兵支援。直到1859年,这场起义才被镇压下去。此前的1858年,英国国会通过《改善印度管理法》,剥夺了东印度公司对印度的统治权。至此,这个罪恶累累的公司才魂归西天。

但英国人也并未把统治权还给印度人,而代之以英国政府对印度殖民地的直接统治。直到第二次世界大战后,元气大伤的日不落帝国才结束了对这个南亚次大陆国家的殖民统治。

直到今天,中印之间的许多问题,也都是英国殖民时代留下来的罪恶遗产。当然,这已经是另一个话题了。

读亚历克西斯·赖特《卡彭塔利亚湾》

去年5月,广州,第四届中澳文学论坛。从与会名单上看到赖特女士的名字,我带去了她小说《卡彭塔利亚湾》的中文版。

我喜欢这本小说,也颇为喜欢她这个人,所以特意带去请她签名。她非常认真地签名。跟很多外国人一样,握笔的姿势使她的书写看上去相当吃力——这就显得更加认真了。

这书出版于2012年。此前,我从未听人用中文谈论过这部小说。这是一本陷于沉默的书——在中文这个喧嚣的世界中保持着有些深刻的沉默。

这有点像本书的作者赖特女士,她是一个平静地保持沉默的人。不论是平常的交谈还是会上的发言,她都声音低沉,语调平缓。在我听来,她说话口音有些浑浊,不是吐词不清,好像她身体的内部有某种回声。这样的人内心里常常有着一个渊深的世界。

这是我们第二次相见。

第一次是在澳大利亚,在西悉尼大学的一个会上。那次会上有两个十分沉静的人。一个是赖特女士,另一个是从南非移居澳大利亚的作家库切。库切瘦而高,一头柔软白发,悄无声息地坐在后排听大家发言,也不加入讨论。

赖特也坐在我们中间。今天回想,我甚至都不记得她的发言是什么内容,但她的形象却和库切形成鲜明的对照。赖特是澳大利亚土著人,身体不高,肤色黝黑,偏于肥胖。会议主持也介绍了她的土著人身份。我想,在政治正确的今天,她的出现是用来显示文化多元主义的吗?

这种情形,在世界各地早已司空见惯。那是我第二次到澳大利亚,在各种各样的场合,已经听惯了主持人的开场白:今天,我们举办什么什么活动的地方,之前是当地某某土著部落的领地,所以,今天我们能在这样的地方举行这样的活动,首先要对他们无私慷慨的赠予表示由衷谢意。

熟悉澳大利亚殖民史的人当然会觉得这种表白正确,同时虚伪。对库克船长的后继者们来说,这里恐怕没有什么土地是来自土著人自愿的赠予。

还是来说赖特这本书吧。

《卡彭塔利亚湾》故事发生的那个德斯珀伦斯镇就是这种

虚伪的明证。

库克船长的后继者们面向海湾建起一个镇子。来自当地土著部落的人却没有资格进入这个城镇。但因为生活的改变,他们又不得不向城镇聚集。他们只能在镇子外抛弃垃圾的地方用垃圾堆中捡拾来的材料建起简陋的居所。这本书的主角,土著人诺姆·凡特姆一家正是在镇子西边建起自己居所的第一个土著人家。

"那是一座似乎永远都在嘎嘎作响的波纹铁皮棚屋,一座碉堡。"

请注意这座房子是由:"喷洒的圣水、驱邪符咒、满腔的热情、染发剂给予的诱惑,以及从公路对面垃圾场捡来的废物建造而成。"如果一座房子只是身体的居所,那么,这座房子就只是物质的,那就只是从垃圾场捡来的材料造成的。

但对这个世界上的某些人来说,房子也是灵魂与情感的寄托,那有另外的材料参与了这座房屋的建造也就不足为奇了。诸如此类主观与客观混合性的描绘与抒发,是本书之一大胜景,是最绚丽的华彩交响。

从诺姆·凡特姆一家开始,分属两个不同部落民族的土著人进入此地,发起了一场"用幢幢房屋将整个小镇环绕起来的斗争"。

正因为如此,那些集会开始前对某土著部落慷慨赠予土地的致意才显得正确而虚伪。

相对而言，文学比政治性的姿态与表白更加诚恳。库切是白人，他的小说《等待野蛮人》无情地写出了南非土著在白人统治下的真正现实。承认掠夺与欺骗，而不是所谓赠予，才是真诚的，不然，就叫作虚伪。

就像我们共进午餐聊天时，我没有问库切写《等待野蛮人》需要怎样的勇气。这个勇气并不是指反抗外部世界的压力的决心，而是如何面对民族（种族）主义在自己内心里投下的那些沉重的阴影。

我也没有问过赖特女士，她从事过的原住民权益保护活动的具体内容。会议材料中介绍她是一位捍卫原住民权利的社会活动家。我一向并不热衷于和作家、评论家讨论文学。

我固执地以为最好的讨论都是无声的，那就是坐下来，静静地阅读一个具体的文本。赖特女士也并不热衷于和别人进行情绪激昂的讨论。

在那次论坛上，有个阿拉伯血统的作家，就相当激烈地为自己的一部作品声辩，但越是如此，要申说的东西反倒被他自己的情绪淹没不见了。可能这位作家也意识到了这一点，但是，在结束发言的时候，他完全被自己愤怒的情绪控制住了。

美国批评家布鲁姆在接受《南方周末》记者采访时说："从社会意义上我并不反对多元文化主义，我只是认为在文学里它不能取代审美的判断和认知的判断。"

我想，他所指的就是这种状况。多元主义当然是无比正确美好的，但在某个特定的场合，过度的多元就意味着各说各话，意味着失去共识，没有标准。于是，任何讨论也就只能具有形式上的意义了。

布鲁姆还说："西方世界基本上已经毁掉了对伟大文学作品在人性、美学及认知意义上的研究，转向一种不成熟的社会学，我对那些东西没有兴趣。"

我想，过度的多元主义也是一种不成熟的社会学，一种世故的故作天真。

如果赖特女士非常热切地推销她的观念或文学，我当时就会失去兴趣。但她的沉静真的吸引了我。她只是告诉我说，她的一部小说已经翻译成中文并在中国出版了。

回到国内，我真的在书店发现了她的小说。这需要花一些功夫。这本书不跟村上春树在一起，不跟东野圭吾在一起，不跟青春小说在一起，不跟所有的热门在一起。但它的确在那里，在一个安静的角落里。从数十万种图书中找到这本书，需要一点耐心。

秋天的阳光很好。我坐在成都市一座新建公园的长椅上，面前人工湖边刚移栽来的树光秃秃的，阳光温煦，空气中充满了还未被植物完全覆盖的生土的气息。

这部小说也散发着生土的气息。

这是一个陌生的经验世界。那是澳大利亚土著人的经验世界。

这么说也不准确,因为这并不是这些土著千万年来已经习惯的那个经验世界,这个经验世界对于他们来说也是全新的。

在他们世居的土地上出现了一个靠海的小镇。这个小镇是在"殖民主义鼎盛时期"建立起来的。后来,入海的河流改道,"码头上的水便销声匿迹",这个为"运输和贸易"而建立的港口照理说就该消失了。

但这时,这个世界上已经再没有新世界了,这里的很多人其实也无处可去。于是,人们一边讨论这个小镇为什么还要继续存在,一边继续在这里生活。

殖民者的后代在这里生活,原住民也向着这个镇子靠拢。镇子不让进入,他们就在镇子旁边聚集起来,分踞在镇子东边和西边。不是他们有计划地图谋着包围这个白人镇子,而是原住民两个部落间也有矛盾,所以才要分开在镇子的东西两边。

采矿业兴起,这个镇子恢复了生机。地下的矿藏枯竭,小镇又陷入萧索沉寂的状态。人们不知道这个镇子还有什么存在理由,但还是要继续存在下去。

但这并不是小说的重点。这只是给人物活动提供了一个背景，一个空间。

小说中的诺姆·凡特姆一家，他自己、他的妻子、他的几个孩子的生活与这个小镇的兴衰并没有太大的关系。他们是原住民。他们生活在边缘，而不在中心。

诺姆的妻子用从垃圾场捡来的东西搭建了他们的棚屋。她是"垃圾场女王"。小说里有一个场景：有一次，她在垃圾场里捡到一个座钟、一座圣母雕像。其他捡垃圾的人也想得到这两样东西。于是，捡垃圾的人中间就爆发了一场大战。最后是诺姆家的儿子点燃了垃圾堆才终结了这场冲突。

那座圣母雕像被他们作为战利品带回家中，重新油漆后摆放起来。那并不真是他们的神灵。在我看来，这座雕像倒像是被流放到了一个蛮荒之地。从此，雕像就和这家人生活在一起，像是另一个世界派来观察这一个世界的冷静使者。

于是，一个普遍的问题就产生了。某一个世界的人可以真的理解另一个世界的人吗？

即便他们派去了观察使，观察使能得出正确的观察吗？即使我们向每一个世界都派出信使，信使能传递回正确的消息吗？

比如，在这部小说中，我们如何理解诺姆·凡特姆这个人？我们能进入他的世界吗？

在小说中，其他的人物似乎都在用参与或反抗进入当下，只有他一个人似乎未被这个世界的洪流所裹挟。

在卡彭塔利亚湾这个不断变化的世界,他永远置身事外。他老婆参与土著人之间的垃圾场大战,他无动于衷。他的儿子威尔因反抗采矿业而四处逃亡,他依然置身事外。他唯一要做的事情就是捕鱼,即便是恶劣的天气也总是出海捕鱼——用最传统的方式捕鱼。

"诺姆对老人们说,他能把自己伪装得像一条大鱼,消失在波峰浪谷之间。"

诺姆依靠的是土著人古老的智慧,依靠古老智慧对于星空、大海和鱼的理解。

最让我心动不已、赞叹不已的,是诺姆要把一个神秘的来自大海的人物埃利亚斯送回到大海。这个埃利亚斯在卡彭塔利亚湾生活一段时间以后,又神秘地死在一条陷于淤泥之中的小船上。没有人要求他这样做,但诺姆决定把这个人送回大海:

> 诺姆·凡特姆踏上漫漫征程,进入一个白天属于闪闪发光的大海,深邃辽阔的天空,夜晚属于出没有天地之间的神灵的世界。他们说,这个遥远的地方属于无法控制的鱼神、女人和海洋生物。这是爱恶作剧的风和其他在苍天之下遨游的骄傲的灵魂的王国。

在停止划船,漂荡在海面的晚上,诺姆在半睡半醒中,常常和那具尸体对话。不是自言自语,不是梦境,也不是我们通常以梦境为助力来表达的幻觉或更深的寓意。那是这个民族古老文化所允许人的具有打破线性时间的能力,允许人的具有与灵魂与神怪对话的能力。决定了生命长度的时间在这里可以叠合,可以不以先后次序重组。

他在把埃利亚斯送归大海深处某个神秘之地的时候,一边和埃利亚斯说话,一边看着水里的鱼。巨大的鱼群,或者一条孤独的大鱼——比如一条鲸鱼:

这只灰颜色的海中巨兽背负着诺姆下意识产生的思想,像风中的柳枝,在水里流动。

他往海里抛下鱼饵的时候,他还对埃利亚斯说:"瞧。"然后,一只大鱼咬钩了。"这是一条巨大的西班牙鲭鱼。"

这条鱼咬钩之后,好像变成一块石头,一下子沉入了海底。

它不时跃出水面,在空中回转身,瞪着诺姆,目光中充满对捕鱼人的仇恨。

他有点难为情地举起刀,给那条鱼开膛破肚。

赖特用英语写作，这自然让我想起英语文学中对于大海和海上渔猎的描写，麦尔维尔的《白鲸》、海明威的《老人与海》。

《白鲸》中有一句话很要紧："这个看得见的世界在很多方面是在爱中形成的，而那看不到的一面则是在恐怖中形成的。"在赖特女士颇具男性化的书写中，爱与恐怖的力量得以同时呈现。英语文学关于渔猎的书写空间在她笔下得到了有力拓展。

布鲁姆讨论麦尔维尔的《白鲸》时，完全将其放在基督教的宿命观念下来讨论。我以为《老人与海》的孤傲的英雄主义也与之一脉相承。但在赖特女士那里，诺姆是一个未经这些观念熏染的原初之民，虽然他家里有一座老婆从垃圾堆里捡来的圣母像，但他未经宿命或原罪思想的沾染。他只是相信天下万物包括上天自己都有灵魂，也各有意志。大部分时候，它们各自像不存在一样存在。只有少部分时候，比如像他这次要送一个人去往远方这样的特别时刻，才在某种情境下彼此作用，互相交缠。

他在海上划着小船航行的时候，海风吹来一个塑料袋。海风竟吹着这个塑料袋绕船旋转。

诺姆认出那是一个女巫，目的是让他在海上迷航。

这时，他已经在海上航行两个星期了。

一条鳕鱼游到小船边,仿佛充满爱意。他知道这条大鱼是来领他走最后一段路程的。

走最后一段路的时候,他几乎一整夜都在划船。他知道,就要到达鳕鱼居住的大深渊了。它们从那儿飞向天空,开始精神之旅。

在这里,诺姆把埃利亚斯的尸体放进大海。

此时,小说展开了一个丰富的、属于澳大利亚原住民的经验世界。不是信仰,不是观念,而是他们对这个世界的感知、想象、触碰和思索。把这个世界打开、展现,然后以其生动与鲜活,被我们这些另外世界的人欣赏、赞叹和感动。这绝不仅仅因为作者作为一个原住民对同胞的挚爱,对自己母族文化的天生理解。

对于一个作家,作为一个好作家,仅有这些是远远不够的。这里,最最需要的是语言的能力,语言天才。以前的英语文学没有处理这种题材、包容这种经验的先例,至少没有成功的先例。也就是说,如何把这些异质文化经验在另一种语言中精妙呈现,对一个作家来说才是真正的对于创造力的考验。

赖特女士显然取得了巨大成功,不然,她就不能把这大海上的场景写得比海明威更加荡气回肠。

前些日子,赖特女士参加澳大利亚驻中国大使馆的澳大利亚文学周活动，和几位澳大利亚作家再次来到中国。我应邀去上海和她参加荐书活动。在飞往上海的飞机上，我又重读了其中那些最华彩的部分。

3月24日晚上，我陪她去上海一家书店参加活动。正好充当翻译的是翻译过我长篇小说《机村史诗》的埃瑞克，这就有条件把文学问题谈得专业一点。我谈到了赖特女士在处理诺姆这个完全只具有土著人感知方式和行为方式的人物时，在语言上取得的巨大成功。埃瑞克把我的话转译给她，从来都保持着平静状态的赖特女士伸出手来和我紧握一下，脸上也难得地绽开了笑容。

今天，越来越多的小说，不论中外，提供的东西是如此一致，从生活内容到讲故事的方式。这当然是因为全球化时代，人们生活与思维日益趋同的结果。从这个意义上说，赖特女士的这部小说就更加难能可贵，值得我们珍视了。

回首锦城一茫茫

——杜甫成都诗传

在你眼前,一个人会从他那美好当中静悄悄地清晰地凸显出来。

——里尔克

颠沛入蜀

公元759年腊月。唐朝。

国家动乱未已,人民颠沛流离。一个形色憔悴的中年人行走在古蜀道上。

越过秦岭后,山色苍翠些了,风还冷,却多含了些滋润的水气,脸上干燥皲裂的皮肤也没有那么紧绷了。山路一直往下,脚步也轻快了许多。对于一个人,尤其是对于我们要书写的这个人来说,自然风景的美丽会给他带来巨大安慰。

这样行走了一天,两天,三天,本来渐渐低矮的山势突然高耸,裸露的岩石拔地而起,绵延数里,壁立眼前,一条狭道蜿蜒而上。无须人告诉,他知道,这就是有名的剑门关了。作为一个诗人,面对着入蜀路上这道剑门雄关,触目之景,立即就转换成描绘性的诗句在脑海中映现:"惟天有设险,剑门天下壮。连山抱西南,石角皆北向。两崖崇墉倚,刻画城郭状。"

这天夜里,他在驿站里将这首诗记录下来,诗题就是《剑门》。

他知道,越过剑门关口,就要进入此行要去的地方,就要进入真正的蜀国了。按常理说,翻过秦岭,来到秦岭南坡,也就是到了蜀国了。但在唐代,行政区划跟今天有不一样的地方。他的目的地,是剑南西川节度使管辖的地方。所以,他要越过了剑门关,站在关门之南,才算是真正到达。

这个人就是杜甫,当时已经以诗才闻名天下,在后世,他在文学史上的身影将显得越发高大。他不是一个人在路上,而是带着一家五口:妻子,两个女儿,两个儿子。也有资料说,还有杜甫的一个弟弟送这一家人入川。

很多年后的南宋年间,诗人陆游也从这里进入四川。他在诗中没有描摹剑门关的雄姿,而是抒发自己豪壮而又落寞的心情:"此身合是诗人未?细雨骑驴入剑门。"

两个诗人都经此入蜀,心情却大不相同。

陆游是一个人游宦在外，过剑门到四川是怀着建功立业的雄心壮志。而那时的杜甫，拖家带口，只为在烽火连天的战乱世界中为自己，为一家人寻找一个安定的栖身之地。

他和同时代那些有名的诗人李白、高适、岑参等人一样，并不满足于只以诗才名世，他们都有忧国之心济世之志。有些人多少实现了自己的抱负，有些人却命运多舛。公元759年，在杜甫生命中是一个重要的节点。这一年，这个怀有济世之志的人终于对朝政失望，放弃了华州参军的官职，开始带着一家人在中国大地上流浪。

杜甫妻子杨琬，是杜甫父亲杜闲好友杨怡之女，小他十二岁，喜欢读书，据说还写得一手好字。两夫妇入剑门时带着两女两子四个孩子。两个儿子一个叫宗文一个叫宗武。就这两个孩子的名字也透露出杜甫的理想与志向。按为杜甫作传的诗人冯至的说法，这一年宗文九岁，宗武六岁，两个女儿的年纪应该更小一些。

离开华州时，他们雇了一辆马车，车上载着两双儿女。他们先往西，去到秦州，今天的甘肃天水。在那里，有杜甫的一个侄子，还有一个和尚朋友。此时，杜甫的想法很简单，筑几间草堂，在战乱年代过一种粗茶淡饭的平安生活。杜甫在秦州的经历，从《秦州杂事诗》二十首可以窥见大概。他在这组杂事诗的第十四首中说"何时一茅屋，送老白云边"，表达的就是这样的希望。在这里，他还写过两首诗，《西枝村寻置草堂地，夜宿赞公土室二首》。这位赞公，就是他那位和尚朋友。这位赞公和尚，本是唐朝京城大云寺主，"谪此安置"。原来在唐朝，化外之人的和尚有时也会受到贬谪的处分。杜甫与他相识相交，早在天宝年间的长安城中，那时大唐盛世及于顶峰，却也即将面临由盛转衰的安史之乱了。总之，虽有侄儿和那位和尚朋友的帮助，但秦州并不是适合安居之地，他不得不为寻找下一个安身之处而焦虑。这时，同谷县令来信邀他前往。但等他拖家带口到了同谷，这位"来书语绝妙"的县令却避而不见。个中原因，有很多说法，莫衷一是。总之，这位县令对杜甫热情相邀在前，等他到达后却没有给予丝毫帮助也是不争的事实。在我想来，他是读过杜甫诗，热爱杜甫诗的，没见过杜甫的他，可能在脑子中构想出了一个飘逸豪迈的诗人形象。等到杜甫形色憔悴、拖家带口来到他面前时，想象颠覆，现实的考虑占了上风，干脆就避而不见了。

杜甫一家，立即就陷入了衣食住都无依无凭的境地，只好打主意去寻找另外的安身之地。他们十一月到达同谷，腊月一日，就离开了，目的地：四川成都。

离开的情境，杜甫写有《发同谷县》为证："忡忡去绝境，杳杳更远适。""忡忡"和"杳杳"都写低落的心情。"忡忡"是离开时的悲凉；"杳杳"是对前途上的遭遇全无把握。但还是只得上路了。

北风呼号,道路崎岖,心情凄凉,行程艰难。

《木皮岭》:"季冬携童稚,辛苦赴蜀门。南登木皮岭,艰险不易论。"

《白沙渡》:"天寒荒野外,日暮中流半。我马向北嘶,山猿饮相唤。"

《水会渡》:"山行有常程,中夜尚未安。"路太长,半夜了,还不能休息。"远游令人瘦,衰疾惭加餐。"

《飞仙阁》:"栈云阑干峻,梯石结构牢。"这写的是秦岭险峻的栈道。"叹息谓妻子,我何随汝曹?"

艰险的栈道还没有走完。

《五盘》:"仰凌栈道细,俯映江木疏。"五盘岭,又叫七盘岭,七盘关。这里已经靠近今天的四川广元。当地县志说,七盘关"县北一百五十里","界邻陕西宁羌县"。

《龙门阁》:"清江下龙门,绝壁无尺土。"《元和郡县志》说:"在(广元)县东北八十二里。"

《石柜阁》:"羁栖负幽意,感叹向绝迹。"《重修广元县志稿》:"县北十里,千佛崖南首,石壁峭削,秦汉架为栈。唐韦抗乃凿石为道,立阁如柜,因以为关。"从七盘岭到龙门阁再到石柜阁,可以算出当时人每天在古蜀道上行走的里程。古代蜀道之难,在杜甫视为知己的李白笔下的《蜀道难》

中,是夸张的浪漫主义书写。在杜甫现实主义的书写中,呈现出的是具体真实的面貌。

《桔柏渡》:"青冥寒江渡,驾竹为长桥。"这已经在今天的昭化境内了。

再往前,就是剑门关了。

已经身无一官半职的杜甫,选择进入四川盆地,一来因为这个地方不像北方正陷于安史之乱爆发以来无休无止的战乱之中。这个局面,他在《剑门》这首诗中也有描述:"并吞与割据,极力不相让。"二来,这地方有一些亲友可以投靠。德国汉学家莫芝宜佳说:"杜甫离开北方,携家人到了南方,不断地寻找着经济上的救助人。"杜甫在诗中夫子自道,说这是"因人作远游"。

所因之人,有此时剑南西川节度使裴冕,他是以成都为中心的西川地方的最高行政与军事首脑。安史之乱后,杜甫在肃宗朝任左拾遗时,裴冕是朝中首辅,地位比杜甫高出许多,虽然他并不热爱诗歌,但总算是旧相识了。还有此时在彭州任刺史的诗人高适。这就是他相知甚深的老朋友了。安史之乱未爆发前,杜甫和弃官而去的李白以及尚未仕途发达的高适,曾同游梁宋,即今天的河南开封和商丘一带。时在天宝三载,距安史之乱爆发还有十一年。十几年过去,杜甫、李白和高适三个人的命运已经发生了巨大变化。杜甫在肃宗朝中做左拾遗不久,他所倚重的房琯相位不保,杜甫也因上疏替房琯说话而陷入党争,被肃宗皇帝贬为华州参军,最后弃官而去。李白入幕辅佐的永王作乱,他被连累流放夜郎,虽在途中被赦,但从此再与官场无缘。高适却因率兵平定永王之乱而得到重用,做了势大权重的节度使。但他也是诗人性格,因言多狂放,不久即被贬为彭州刺史。杜甫流寓秦州时,就得到了高适到彭州的消息。他还专门写了《寄彭州高三十五使君适、虢州岑二十七长史参三十韵》寄给高适,祝贺他荣升。这首诗很长,三十韵,就是三十句的意思。这首诗的标题也很长,对今天的读者来说,也许比诗本身还难懂。"三十五"是什么意思?唐代给一个人写诗,诗题中常会把这个人的排行写出来。"高三十五",就是高适在高家兄弟中排行第三十五的意思。高家哪会有那么多兄弟?会的,因为唐人的习惯是把叔伯兄弟都算在一起。"使君",汉代以后对统领一州的官员的尊称。后面那个排行二十七的是后世以边塞诗与高适齐名的岑参。这时,他是不是已经有某种预感,将要去四川投奔高适了呢?我想,这种可能性是存在的。

在成都,杜甫还有一个表弟,在王家排行十五,所以叫王十五,任一种叫司马的官职。这个官职,在唐代为州一级首长如刺史的佐官,说大不大,说小也不小了。

流离不定,无处安身的杜甫,此时可以指望的就是这些亲友故交的友情了。相对于今天，那还算是一个友情与诗才都被人们珍惜的时代。但杜甫对自己能否受到善待还是心怀忐忑，也是没有多少把握的吧。

无论如何，过了剑门关，道路平顺，气候也越来越温和，相对于秦岭山中，吃食也丰富多了。不一日，来到了进入成都平原的最后一道关口，德阳北三十里，距成都一百五十里的鹿头山。过了此山，就是一马平川了。杜甫又写诗一首，《鹿头山》："连山西南断，俯见千里豁。……及兹险阻尽，始喜原野阔。"连绵崎岖的群山终于在西南方向消失了，从山头上望下去，豁然开朗一马平川。往前，就再也没有地理上的险阻了，不由人不心生欣喜。

这首诗不光是写鹿头山上所见的风光。同时，也是写给节度使裴冕的："冀公柱石姿，论道邦国活。斯人亦何幸，公镇逾岁月。"这几句诗也需要解释一下。冀公，指裴冕。他来主政川西前，就已经被封为冀国公了。"柱石姿"，是使一方安定的柱石。《尚书》说"论道经邦"，就是能够治国安邦的意思。"斯人"，这里指人民。这里的人民多么幸福啊，在您治理下，得以度过如此安定静好的岁月。这样的口吻，多少有些恭维的意思了。

没有记载说杜甫得到了裴冕什么样的回复，但应该是对他表示了欢迎。所以，从绵竹县出发，当成都这个大都会出现在他视野中的时候,他的心情的确是欢欣的。这已经是759年的最后几天了。这是杜甫一生最为颠沛的一年。这一年,国运与家事都让他忧心忡忡,好在这一年的最后几天,当他望见成都的时候,久违的喜悦心情重新充满了他的身心,又一首诗《成都府》在胸中涌动了。"翳翳桑榆日,照我征衣裳。我行山川异,忽在天一方。"

呀,眼前的景象与萧瑟枯寂的秦州和同谷是多么不一样啊!植物翠绿,阳光温煦,也照在自己久经风霜、颜色黯淡的衣裳上。

"但逢新人民,未卜见故乡。大江东流去,游子去日长。"人也跟北方完全不一样了。北方口音浑厚浊重,而这里的人民,话音清脆,节奏欢快,如同歌唱一样。这时,诗人已经忘记在心中盘算何时能回到故乡了。看来在外流寓的日子会非常漫长啊。

"曾城填华屋,季冬树木苍。喧然名都会,吹箫间笙簧。信美无与适,侧身望川梁。""曾",通"层"。有史料说,杜甫到达的彼时的成都由三部分构成:大城,少城和州城。三个城互相连接,所以叫层城。三城里头满是漂亮的房子。"季冬",冬天的最后一个月,农历十二月,在今天的公历,已经是来年的一二月间,是大地回春的时节了。经冬不凋的树木已经有新绿萌动了。哦,作为天府之国中心的有名的成都,真是美得名不虚传。

从望见成都到进入成都，步步行来，位移景换，步入城中时，已经是黄昏时分了。"鸟雀夜各归，中原杳茫茫。初月出不高，众星尚争光。自古有羁旅，我何苦哀伤！"

来到了这么美丽的地方，我也不必为自古以来很多人都经历过的颠沛流离而独自哀伤，我要在这"天一方"的"新人民"中开始新的生活了。

成都确实对他张开了温暖的双臂。一家人被安置在一座寺庙里。寺庙，在古代常常是风雨羁旅中人们的安身之所。几百年后的宋代，经过了乌台诗案的四川人苏轼被流放到湖北黄州。这段经历与杜甫入川有些相似之处。也是冬天；也是一个诗人堕入人生的低谷；也是经月跋涉，一路从北方南下；到达目的地后，也是暂时在一座寺庙里栖身。那座寺庙叫定惠院。而杜甫所居的那座寺院也是一座名寺，古称草堂寺，建于南北朝时期，也称益州草堂寺。宋代人记载其位置在成都府城西七里，与后来杜甫建草堂处相距三里。一家人刚在这里安定下来，老友高适就派人来看望他了。送来了粮钱，还赠诗一首《赠杜二拾遗》。前面说过，唐人题名赠诗，要写诗人的排行，由此我们知道杜甫在杜家兄弟中排行老二。也称官职，拾遗是杜甫此前当过的最高官职，虽此时已是一介布衣，但高适出于尊重，还以这个官职相称。杜甫却只能答诗一首《酬高使君相赠》，感谢他的救济。通过他的诗，今天的我们才可以看到杜甫对当时生活和那座寺庙的描述："古寺僧牢落，空房客寓居。"这座著名的古寺已经没有多少僧人了，所以才有房间空出来供他一家居住。生活过得还不坏，因为这里人对他很好："故人分禄米，邻舍与园蔬。"以前相识的故人，包括高适在内送来了粮钱，旁边不认识的邻居送来了自家菜园里的时蔬。"双树容听法，三车肯载书。"我们常说，中国人，尤其是中国知识分子的知识结构或世界观是儒释道三教合一的。这个局面是在魏晋南北朝期间形成的。有唐一代的知识分子，多具有相当深厚的佛教修养。所以杜甫这两句显得深奥的诗，用的都是佛教的典故。"双树"，是佛经中的娑罗树，总按东西南北的方位成双生长。这里用以代指寺中的树。寺中的树都在听人说法，更不要说耳聪目明的人了。"三车"，在《妙法莲华经》中指鹿车、羊车和牛车，喻指佛教声闻、缘觉和菩萨三乘的不同教法。也就是说，安顿在此的杜甫，暂时摆脱了衣食之忧，已经与寺中僧人研讨佛法了。

高适在慰问杜甫的诗的最末一句说："草玄今已毕，此后更何言？""草"，书写。"玄"，指汉代文豪四川人扬雄所写的名作《太玄》。高适在这里是说，你以前那些诗篇与《太玄》一样著名，此后你还会写些什么样的作品呢？

杜甫在这首诗的最末两句对此做了回答："草玄吾岂敢，

赋或似相如。"我哪里敢和扬雄比啊，就跟司马相如差不多吧。四川人应该都知道，汉代文坛双雄扬雄和司马相如，都是四川人。所以，两个外省来成都的名诗人，都在诗中拿这两位来说事。对于自己的诗才，杜甫并没有太过自谦，说自己或许能像司马相如，那就是敢跟扬雄比肩的意思了。

杜甫说出了这样的话，同时代的诗人高适也对他有那么高的期许，中国的诗歌史，可以期待这位伟大的诗人写出那些今天我们依然耳熟能详的作品了。成都，这座历史文化名城，送司马相如北上长安去描绘那里的盛世景象。几百年后，从长安走来一位诗人，将要开始描绘成都，以他那些即将诞生的著名诗篇为成都画像，为成都在中国历史上留下一个优美的背影。更重要的是，在大唐盛世已经于755年因安史之乱而猝然中止时，有些盛唐一代的诗人，比如高适，比如过几年将会来到四川的岑参的创作的高潮期也已经过去了。因为安史之乱一爆发，当时远在河西走廊和更遥远的西域生活写作的他们，都随东撤回援平叛的唐军回到了中原，并相继来到了四川。但还有盛唐一代的诗人在用他们的写作延续着盛唐气象，李白还在漂泊放歌，杜甫在成都的写作更是要成为盛唐诗中那些最重要的篇章。

美国汉学家宇文所安，在他那部流传颇广的专著《盛唐诗》中说："关于安禄山叛乱所导致的文化创伤，已经谈了很多，这里再讨论将是多余的。的确，除杜甫外，战乱后的诗歌几乎普遍地收敛了。……高适、岑参及元结的作品明显地转向守旧；甚至连豪放的李白，在最后几年的诗作中似乎也减少了放纵。"

草堂岁月

至少从在秦州时开始，构筑一座可以让一家得以安居的草堂就是杜甫的一个梦想。

在此之前，他有更远大的理想，那就是辅佐君王，改变社会："致君尧舜上，再使风俗淳。"

但这个理想早在战乱之中，在他被贬为华州参军，并最终弃官而去时就彻底放弃了。摆在他面前的最迫切的问题，就是构筑一个能使一家人躲避风雨的安身之所。理想被不断简化，直到变成一座再具体不过的草堂。

在成都，他这个梦想得以实现。

他用自己的诗把这一过程，以及草堂建成后的生活情景都翔实地记录了下来。后人评价杜甫诗是"诗史"，其实他首先写的是个人经历，个人所经历的历史。个人经历映照着时代，构成更宏阔意义上的诗史。

构建房屋，第一就是选址。反映在杜诗中就是《卜居》。当时他寄居在城西浣花溪畔的古草堂寺，选择地址自然就从日渐熟悉日渐亲切的浣花溪畔开始。果然，地址就选在了离寄居寺院不远的浣花溪畔："浣花溪水水西头，主人为卜林塘幽。"

今天为解这两句诗，注解家为一件事争论不休：谁为杜甫"卜"了这个地方，并出钱为他修了草堂。一方认为这个人是裴冕；一方认为裴冕与杜甫并没有多么深的交情，加上这位节度使深谙权谋，且不爱诗歌，不可能资助杜甫构筑草堂。我觉得，这争论一开始就有些偏了。修草堂第一重要的不是钱，而是要有一块地。从古至今，中国的土地都是国家所有，唐代也不例外。所以，要建一座房子，最重要的是地，而不是钱。尤其是在这距省城才几里路的地方，那土地的所有权还是相当重要的。大家都离开那个"卜"，而只去说钱，并在此问题上聚讼不已，眼界有些狭窄了。我倒认为，这个主人就是裴冕，他给了杜甫一块地。"卜"本来就是选地的意思。

"已知出郭少尘事，更有澄江销客愁。"一个弃官而去的布衣，不需要住在城里朝九晚五。这里江流萦回清澈，对一个面山临水时写过动人诗篇的诗人来说，真是一个再好不过的地方了。诗人自己也喜欢这个地方。看，风景多么美丽，江水之上："无数蜻蜓齐上下，一双鸂鶒对沉浮。"

然后，有人送钱来了。《王十五司马弟出郭相访兼遗营草堂资》。这位在王家兄弟中排行十五，官职是司马的人是杜甫的表弟，他出城来看望杜甫一家，并送来修筑草堂的钱。"忧我营茅栋，携钱过野桥。"盼着钱来的杜甫早就在江边等着了，所以王表弟还在江那边就被他望见了，看着其一步一步从桥上走了过来。写诗需要想象，读诗也需要一点想象。有了想象，诗中的场景才能生动活泛起来。

有了钱，就可以开工了。

开工之时，杜甫对于草堂已经有了详细的规划。看来"主人"拨给他的地够大，不但要让他盖一座房子，还要让他可以靠着这地讨将来的生活。草堂开工是在春天，也正是栽树植竹的最好时令。杜甫开建草堂，同时也是在构筑一个园子。钱都花在草堂的构筑上，营造这个园子的其他材料就要向当地的旧友新识寻求帮助了。一个诗人，唯一的手段也就是写诗。好在那是个诗歌与诗才受到珍视的时代。不像今天。他的第一首诗是讨要桃树苗，他要在园中种一片桃树。作为诗人，他喜欢桃树"来岁还舒满眼花"，作为一个生活无着的人，他要的是桃树结果，"高秋总馈贫人实"，可以自己吃，多出来的还可以拿到集市上售卖。他写诗向一个姓萧的县令要桃树苗："奉乞桃栽一百根，春前为送浣花溪。"规定数量，还要规定送达的时间地点。这可以看出当时的时代风习。又有注杜诗者说，这样做是为了美化环境，这不全面。想想一百棵桃树栽下去，要多大的地方，这是要弄一个规模不小的桃园。可见"主人"为他"卜"的这块地并不太小。

接着，他还要继续为这个围绕着草堂的园子栽种别的都很占地的东西。唯一的办法还是写诗。这回要的是绵竹县的竹子。"华轩蔼蔼他年到，绵竹亭亭出县高。江上舍前无此物，幸分苍翠拂波涛。"要竹子的对象是姓韦的绵竹县令。几个月前，他入成都前经过绵竹县，所以说"他年到"，也就是去年曾经到过，发现那里的竹子很好，所以去讨要。

还不够，还要栽树，要栽生长快，很快成材成荫的树，打听一遍，四川此地，生长最快的要数桤木。"饱闻桤木三年大，与致溪边十亩阴。"要造成十亩阴凉，数量也不是一株两株。

然后，向人要松树苗，写一首诗去。

再向人要果树苗，也是写一首诗去，而且要的不是一个品种："草堂少花今欲栽，不问绿李与黄梅。"看来这个园子够大的。

房子盖好了，园子里栽了那么多的植物，房子里还少些用具。还是写诗问人去讨要："大邑烧瓷轻且坚，扣如哀玉锦城传。君家白碗胜霜雪，急送茅斋也可怜。"

杜诗有一个特点，表面看朴实无华，就是诗人的随手书写，但艺术感染力就在这貌似不经意的起承转合，在诗意的随处点染处发生。有古人评此诗说："一瓷碗至微，却用三四层写意。初称其质，次想其声，又羡其色。先说得珍重可爱，因望其急送茅斋。只寻常器皿,经此点染,便成韵事矣。"今天人说诗意,往往"为赋新词强说愁",离开具体的生活另行营造。而真正胸怀诗意者,都是从亲身经历与日常生活中开掘出来的。日常事便成了"韵事",平常的起居就成了今天人常抄洋人荷尔德林的话,"诗意地栖居"。

关于这瓷碗的出处,还可一说。

唐时的四川,有名窑烧制瓷器。杜甫向韦少府讨要的大邑烧瓷就出于当时著名的窑口:邛窑。从汉至唐至宋,四川一地都是经济生产非常发达的地方,繁盛的丝织业之外,传统的瓷器生产也在中国占有一席之地,其代表就是邛窑。今天在邛崃一带,还有窑址可供凭吊,比如十方堂遗址。民国年间,内战不休的四川军阀还曾大面积开掘窑址,将出土的器物拿到市场上大量出售。当时在华西大学古物博物馆担任馆长的外国人葛维汉曾向国民政府提出对邛窑遗址进行科学发掘的报告,却未获批准。他退而求其次,便在古物市场上紧急收购。今天,我们可以在四川大学博物馆看到馆藏的邛窑精品,得感谢葛维汉等人的抢救之功。

当大邑白胜霜雪的瓷碗送到浣花溪边,杜甫营造草堂的工程便初步完成了。

他满怀欣喜之情,写了一首诗《堂成》:"背郭堂成荫白茅,缘江路熟俯青郊。桤林碍日吟风叶,笼竹和烟滴露梢。暂止飞鸟将数子,频来语燕定新巢。旁人错比扬雄宅,懒惰无心作解嘲。"

背对着城市的草堂建成了,屋顶上盖的是白茅草。从江边已经走熟的路上望出去,可以看到郊外青碧的田野。桤树挡住了阳光,风动叶片,仿佛在吟咏诗章。一笼笼竹子上露水下坠的同时还缭绕着炊烟。树上飞来了带着雏鸟的乌鸦,燕子也频频飞来,在屋檐下筑起新巢。有人说你这就是扬雄的家嘛,算了,我也懒得跟人解释说我不是他了。

前面说过,杜诗的特点是能将诗意随处点染。如何点染,就看诗中所用的那几个词好了:"碍日"的"碍","吟风叶"的"吟","和烟"的"和","暂止"的"暂","语燕"的"语"。杜甫就夫子自道过:"语不惊人死不休"。怎么惊人,就是如此惊人。

成都,给了杜甫一个颇为宁谧的安身之所,杜甫将在这里为成都为世界留下永恒的美丽诗章。

成都给杜甫的这个地方好啊:"锦里烟尘外,江村八九家。"诗人想,我是不想离开此地了,这样的心情也是有诗为证的,"卜宅从兹老,为农去国赊"。离朝廷越来越远,我就在这里做一个农人老去了。杜甫诗是上承陶渊明的,陶的诗作正是写他归隐乡间农事的实践。

好了,草堂建成了,就要接待客人了。

《有客》:"有客过茅宇"。这个"过"不是过去的意思,而是到来。杜甫正在园中劳动,"自锄稀菜甲",有点衣衫不整,自己整理吧,手上沾着泥土,所以"呼儿正葛巾"。

《宾至》:"岂有文章惊海内,漫劳车马驻江干。"我的诗文怕不是那么有名吧,哪敢惊动大人把车马停在江边来看我啊!这位出门有车有马的人是谁呢?"主人为卜林塘幽"的主人吗?杜甫没说,我不去费心猜度了。有客是好的,但客人身份太高,就有些拘谨,还要为饭食不好而表示歉意:"竟日淹留佳客坐,百年粗粝腐儒餐。"

这首诗还值得一说。那就是其在诗歌史上的创新性。明末清初注杜诗的权威仇兆鳌说:"直叙情事而不及于景,此七律独创之体,不拘唐人成格矣。"也就是说,唐代人写七律,不能光叙事,还要先写两句景,但这首诗没有写景,直接叙事,打破了陈规,有独创性。

还有《客至》:"舍南舍北皆春水,但见群鸥日日来。花径不曾缘客扫,蓬门今始为君开。盘飧市远无兼味,樽酒家贫只旧醅。肯与邻翁相对饮,隔篱呼取尽余杯。"

这回轻松多了,随便多了。

这首诗流传甚广,不解释了。只说今天成都城中还有名叫盘飧市的,这名字也是得于杜诗吗?又或者那时城中就有这样名字古雅的菜馆了。刚刚说古人表扬过《宾至》一诗不拘一格的独创,而这首《客至》又回来了。前两句就是写景的。如此看来,诗的创新与否,还在于内容表达的需要。古人"不以辞害意",说的正是这个意思。针对这首诗,美国人宇文所安说,在成都期间,杜甫形成了一种新的律诗风格。"在此类诗中,经常出现快乐自得的形象,老狂士在小农舍中过着朴素的生活,周围是优美的自然风景。"宇文所安正是把这首《客至》当成这类诗的典型。他说:"轻快的笔调加上完美的形式,使这首诗备受赏爱,几乎没有一位重要诗人没模拟过首联。"

还有一位叫韦偃的画家来访草堂,并在其东壁上画了一幅奔马图,事见杜甫诗《题壁上韦偃画马歌》。韦偃是当时以画马闻名的著名画家,也与杜甫一样寓居成都,今有《双骑图》《牧马图》传世。他画在草堂壁上的马却消失在时间的深处,无有踪迹了。不过,从杜诗中读得这些遥远的往事,再去游今日草堂,笔底乾坤,心中波澜,确乎会有更真切深沉的感怀。

无论如何,这时的杜甫不再是安史之乱发生时,奔波于道上,亲见亲历苍生苦难而写下"三吏"与"三别"的杜甫了,也不是从华州到秦州再到同谷颠沛流离满心苍凉的杜甫了。在这里,他将带着欣喜之情为成都画像,为成都写下优美的诗章。

诗意成都

杜甫对成都的书写从浣花溪边开始,从温润的气候和优美的景物开始。用宇文所安的话来说,就是"周围优美的自然风景"。

草堂初成,正是公元760年的春天。

成都的春天,常常在夜晚降临滋润万物的春雨。从古到今的成都人都听过春夜里雨水敲窗的声音,听到雨水落到窗前竹叶上,落在院中玉兰和海棠树上的声音。只是今天的成都人不像前人还能听到雨水落在屋顶青瓦上的声音了。那是天空与大地絮絮私语的声音。

大家都知道了,这就是中国人读唐诗时必然诵读的篇章之一《春夜喜雨》:"好雨知时节,当春乃发生。随风潜入夜,润物细无声。野径云俱黑,江船火独明。晓看红湿处,花重锦官城。"

我想,中国人对这首诗如此熟稔,都不必在这里解释什么了。它如此深入人心,已经化为我们面对南方的、成都的春雨时直接的感官——无论是听还是看。

春雨一来,浣花溪水就上涨了。杜甫不止一次平白如话而又歌唱般地写了春水的上涨。"二月六夜春水生,门前小滩浑欲平。""南市津头有船卖,无钱即买系篱旁。"

在此期间，杜甫营造草堂的工程还在继续。他又临水造了一个亭子一类的建筑。

"新添水槛供垂钓，故著浮槎替入舟。"

杜甫不光在水槛上临江垂钓，更重要的还是在这儿看雨，写雨。《水槛遣心二首》亦是杜诗中的精华。他在这里看到的雨中景象也是迄今为止写成都的无出其右的优美篇章。

"澄江平少岸，幽树晚多花。细雨鱼儿出，微风燕子斜。城中十万户，此地两三家。""蜀天常夜雨，江槛已朝晴。叶润林塘密，衣干枕席清。"

有了这些文字，成都的雨，成都夜里悄然而至落了满城的雨，落在浣花溪上，落在锦江之上的雨就与别处不一样了。那是从唐诗里飘来的，润心无声的雨。成都可以为此而感到骄傲了。天地广阔，雨落无边。可是，又有几丝几缕被诗意点染后，至今还闪烁着亮晶晶的韵律呢？

我自己也为成都写过一本书《成都物候记》。以二十多种观赏植物写成都四时鲜花盛放的美景。昨天，2017年12月3日，见阳光甚好，去龙泉游玩，在一处新辟的湿地公园，还见有芙蓉花辉耀枝头，枇杷花已开得满树都是，又闻到暗香浮动，翻开叶片，原来有着急的蜡梅已经开了。这还是冬天，那成都的春天呢？还是来读杜诗吧。

《西郊》："市桥官柳细，江路野梅香。"

《奉酬李都督表丈早春作》:"红入桃花嫩,青归柳叶新。"

《遣意二首》:"一径野花落,孤村春水生。""云掩初弦月,香传小树花。"

更何况还有专门为花所写的《江畔独步寻花七绝句》:"江深竹静两三家,多事红花映白花。""东望少城花满烟,百花高楼更可怜。""黄师塔前江水东,春光懒困倚微风。桃花一簇开无主,可爱深红爱浅红。""黄四娘家花满蹊,千朵万朵压枝低。"

带水槛的草堂建成了,园子里种下的作物也锄过草了,招待过宾客了,蜀地的雨听过了,锦江两岸的春花也看过了。深入一个城市,当然要由自然及于人文。杜甫出发了。第一个目标是今天还在的武侯祠,那时还在城外的祠堂现在已经在二环以里的市区中央了。还是以诗笔纪之。《蜀相》是他最有名的诗作之一。"锦官城外柏森森,丞相祠堂何处寻。映阶碧草自春色,隔叶黄鹂空好音。三顾频烦天下计,两朝开济老臣心。出师未捷身先死,长使英雄泪满襟。"

这首诗成都人应该是喜欢的。而有些诗,却对蜀人有讽喻,有批评。

比如,成都那时有一处如今已无处可寻的古迹,讲四川本地历史的书《华阳国志》对此有记载:"蜀五丁力士,能移山，举万钧，每王薨，辄立大石，长三丈，重千钧，为墓志，今石笋是也。号曰笋里。杜田曰：石笋，在西门外，二株双蹲，一南一北。北笋长一丈六尺，围九尺五寸。南笋长一丈三尺，围一丈二尺，南笋盖公孙述时折，故长不逮北笋。"大意是，这石笋其实是上古时代古蜀王的墓志。杜甫来成都的唐代，作为墓志的石笋还在。杜甫去看过，并写《石笋行》一首。这个"行"，不是行走的意思，而是唐诗中一种相对律诗绝句更自由的体裁：歌行体。

"君不见益州城西门，陌上石笋双高蹲。"完全符合《华阳国志》中的记载。这本是有根据的史迹，但民间"古来相传是海眼"。那这两柱巨石就从墓志变成镇塞海眼，使恶龙不得出现的镇厌之物了。于是，一桩确切的事物就变得暧昧不明面目不清了："此事恍惚难明论"。杜甫是不相信这个的，他推测："恐是昔时卿相墓，立石为表今仍存。"这个推测是对的，是唯物的，是历史主义的。为此，杜甫还发了感慨："惜哉俗态好蒙蔽，亦如小臣媚至尊。"怎么媚至尊呢？最重要的原因就是人云亦云。

而这样的情形并不是孤例。请读《石犀行》。这是写都江堰了。"君不见秦时蜀太守，刻石立作三犀牛。"秦朝派来的太守李冰建了都江堰，还在堰首刻塑了三头牛。关于这牛的作用，到底是科学地显示水位还是迷信地镇压洪水，至今还各有说法。"蜀人矜夸一千载,泛溢不近张仪楼。"那时的蜀人是更多相信迷信说法的。他们都多少带着骄傲的神情夸耀说,都江堰建成一千年了,有这三头犀牛的镇压,水再大,也没有涨到成都的张仪楼下。但是,就是杜甫写此诗的这一天,坏消息传来了,岷江发洪水,淹了田地房屋,还死了人了:"今日灌口损户口,此事或恐为神羞!"这不只是讽喻,简直就是嘲笑和批判。石牛是镇不住洪水的,正经的做法还是学习李冰:"修筑堤防出众力",有了这堤坝的保护,才能拥有丰收的秋天,"高拥木石当清秋"。

说杜甫是现实主义诗人,对雨与花的记录是一种现实;人性委顿,没有求真的愿望,躺在前贤造就的庇荫下,人云亦云,小富即安,不思进取,也是一种现实。这样的思想,在今天也还有很强的现实意义。迷信在科学时代,并未消失。小富即安、不思进取的心性,也并未消失。成都人也不能只阅读只记诵杜甫表扬成都物华天宝的诗章。

虽然杜甫在前两首诗中对蜀人有讽喻有批评,但与其说这是针对蜀人,倒不如说是对中国社会文化病相的普遍揭示。所以,今天的蜀人也不必为被杜甫揭过短而不高兴。因为,杜甫对成都的确是热爱的。《赠花卿》一诗,就是对成都这座繁华而又文艺的城市总体形象的书写了。

"锦城丝管日纷纷,半入江风半入云。此曲只应天上有,人间那得几回闻。"

总之，760年，杜甫在成都的第一年，以及到成都的第二年，至少是上半年，日子都过得相当舒心。

一边访问新知旧友，一边游览风景名胜。以他诗中所记，去了新津北桥楼，并题诗。还是在新津，登四安寺钟楼，又两游修觉寺。去了青城山，留《登丈人山》。回了成都，还在城中四处寻访古迹，留下诗章的有两处。其中一处是武担山石镜。前两天在新华宾馆参加一个会议，我还专门去看了主楼和五号楼之间的武担山。这也是古蜀国遗迹。《华阳国志》说，这山是堆成的，堆山的土是从很远的武都地方运来的。这是某个蜀王妃的墓。王妃是武都人，所以她的墓要用家乡的泥来做封土。"上有石镜，表其门"，还有古籍记载说，这面石镜"厚五寸，径五尺"，其质"莹彻"。如此看来，该是某种玉石磨成的吧？但今天，那面石镜早就不知所踪，只剩下那座土丘了。杜甫还去了司马相如弹过琴的地方，留了一首《琴台》。

友　谊

杜甫在成都过得好，多半靠那些为官朋友的帮衬接济。但时间久了，交浅也好，缘深也罢，最初的热情过去，接济也就没有那么频繁了。这也是人之常情。我从杜诗研究杜甫在成都的行迹时，看出他在草堂建成后的很多时间，都在四处走动。游风景名胜，时常进城去跟新交旧友谈天吃饭，诗酒唱和。交往也很广阔，官员、画家、和尚，甚至还有武将。比如前面《赠花卿》里的那个花卿就是一位颇有战功也相当残暴的武将。杜诗还有《戏作花卿歌》一首，如此看来，那过往也不是一次两次。

也就是说，杜甫虽然写过《为农》诗，也在《有客》诗中描绘了自己在园中劳作的形象，却没有怎么坚持。一转眼，春天过去，夏天又过去，转眼就是秋天了。园子里却没有什么可靠的收获。一到秋天，生活资料储藏有限，只好向已经麻烦求告过不止一次的诗友告急了。

这时的西川官场也有人事变化，对他有所关照的一把手裴冕上调京城，接任者对他没有表示兴趣。连高适那里也没了消息，只好写诗托人带去。《因崔五侍御寄高彭州一绝》："百年已过半，秋至转饥寒。为问彭州牧，何时救急难？"

在此之前，高适似乎确实有较长时间没有与杜甫通过音问了。

对高适与杜甫的疏远，后世注杜诗评杜诗者，有不同解释。有人说，高适所以不回杜甫的信，不像他刚到成都时立马就送米送钱，根本原因是杜甫对高适施政有不同意见。这么推测，有些根据。也有人说，高适怎么会如此绝情，他是送了禄米的。不如此说，有损高适在边塞诗中已然树立的高大形象。彼时情景,史料没有太多确实记载,大家都是靠杜甫与高适互相往还的几首诗做推测,下评判。而国人评判历史上的人与事,往往不是基于黑格尔们所说的那种"有意志的历史",而是基于一般的道德评判。最后就变成一个谁对得起谁,谁又对不起谁的是非公案。这非但不能让我们以正确的方式深入历史,反而陷入一种自我辩驳的怪圈。讲历史的人没有遵从近现代历史观:"同情之理解"。

高适有没有马上来"救急难",未见确切记载。

但杜诗中却有隐约的线索:"厚禄故人书断绝,恒饥稚子色凄凉。"这个"书断绝"的"厚禄故人"是谁?后世注家也莫衷一是,有说是裴冕,有说是高适。我倾向是高适。"故人"是老朋友。杜甫和裴冕的交情没到这个份儿上。只有高适,才当得起这个称号。两人曾在壮年气盛时与李白同游梁宋,又都是当时诗坛上并立的高峰。但以世俗地位论,两人差异就太大了,《唐书》上就说,盛唐一代的诗人,高适是官运最为畅通的。

杜甫寄了请求"救急难"的诗不久,就得到消息,高适转任蜀州刺史了。蜀州地在今崇州市。杜甫又写了一首诗《奉简高三十五使君》给他。恃才傲物的杜甫这回都有点语带恭维了:"当代论才子,如公复几人?骅骝开道路,鹰隼出风尘。"把高适比作疾驰于途的骏马,比作高飞云端的鹰隼。并告知要到他新任职的蜀州去看望。"天涯喜相见，披豁道吾真。"到了相见时，我要敞开胸怀对君一吐真情。

高适回复没有，怎么回复也不得而知。倒是有当时高适的幕僚裴迪寄了一首表示思念的诗给杜甫。这全是因为杜甫与裴迪的个人友谊，还是有裴迪领导高适的授意就不得而知了。我这也只是合理想象而已。

转眼到冬天了，一家人生活匮乏，成都的雨也没有春天那么可爱了。"甲子西南异，冬来只薄寒。江云何夜尽，蜀雨几时干？"冷啊，阴冷啊，雨还下个不停，饥寒交迫，只好继续向人求助。求助的对象是一个姓王的县令。他先写了一首诗寄去，王县令没回，只好再写一首《重简王明府》："行李须相问，穷愁岂自宽。"这里的"行李"，是使者的意思，而不是我们出门带的那个行李。意思是说，你应该派人来慰问帮助我，我自己是解决不了当前的生活困难了。

困难到什么程度？《百忧集行》写到了："入门依旧四壁空，老妻睹我颜色同。痴儿不知父子礼，叫怒索饭啼门东。"

如此情形下，看到的景色也不那么美好了。看看连续几首诗的诗题，《病柏》《病橘》《枯棕》《枯楠》，那真是满目凄凉。"野外贫家远，家中好客稀。"

恰恰此时，风雨也来作对。先是大风雨，把草堂附近一棵老楠木吹倒了，让杜甫悲怆了一回。接着，大风再起，造成新破坏，就有了后人传诵不绝的《茅屋为秋风所破歌》了。

怎么办？还是得找"厚禄故交"想办法。恰好听得人说，彭州刺史王抡和蜀州刺史高适都来成都开会了，赶紧写诗去联系。不好直接找高适，便找王刺史。诗题很长：《王十七侍御抡许携酒至草堂，奉寄此诗，便请邀高三十五使君同到》。王刺史大人你许诺过要带着酒到草堂来看我，今天我寄此诗来请，如果你能请到一同开会的高刺史一起前来就再好不过了。王抡来了，"音书绝"的高适也来了。也写了诗，《王竟携酒，高亦同过，共用寒字》。注意这个"竟"字，发了邀请，但没想到会来，却竟然来了。三人一起喝酒，还一同用"寒"字韵作了诗。两位刺史来，不光是喝酒，还帮助他解决了生活困难。接下来，他马上又出游了，西去几十里去看蜀人在江上造竹桥。桥造好那一天，恰好遇到高适在成都公干完毕，回蜀州，两人又在这新桥上见了一面。细品这首诗，过去与高适酬唱往还时引为知己的披肝沥胆没有了，多是一些客气话。

接着，这年冬天，四川又换了最高军政长官严武。严杜两家，上辈人就是世交。严的官职是成都尹兼御史大夫充剑南节度使，西川最高首长。严武761年年底上任，次年春天，就主动写诗给杜甫表示慰问，《寄题杜二锦江野亭》。杜甫马上回诗一首，《奉酬严公寄题野亭之作》，末两句说："枉沐旌麾出城府，草茅无径欲教锄。"我这里少人探望，荒草都把路掩没了,为了你来,我要叫人把那些荒草都锄掉。

严节度使真的就来了:"元戎小队出郊坰,问柳寻花到野亭。"一方封疆大吏,只带了少许随从就来了。严武是真对杜甫好。不光是亲往草堂访问,生活上不断周济,还常邀他进城,诗酒唱和。一起在成都西城头晚眺,作诗。严武作了一道咏雨的绝句也要寄给他。严武还从城中捎去"青城山道士乳酒一瓶"。夏天,严武又放下繁忙的政务与军务,再来草堂探望,"严公仲夏枉驾草堂,兼携酒馔"。严武邀请他进城,"严公厅宴,同咏蜀道画图"。两个人都是走过那北上南下的蜀道的,现在站在蜀道图前,各有感慨,又赋诗一首,用寒韵。我们应该记得,之前王抡高适去草堂时,几人和诗也用寒韵。

好日子来得快,去得也快。762年,政绩官声人品都很不错的严武又奉命回中央任职,要离开成都了。无论是出于现实生活的考虑,还是出于真诚的相知之情,杜甫都有千般不舍。他不光写诗表达不舍离别之意,还一路相送,正是古诗中所说,"行行复行行,长亭更短亭"。不是送到城门,也不是送到城外十里八里,这一相送,就是好多天,一直相伴相送到涪江边的绵州,也就是今天的绵阳。他也一路留下情真意切的诗篇让我们看到两人在绵州流连的情景,《送严侍郎到绵州,同登杜使君江楼宴》《奉济驿重送严公四韵》。可见两人一直到出了绵州在一个叫奉济的驿站才真正分手。

好日子一去,坏日子就来了。

严武离开成都不久,人还在路上,一个叫徐知道的将领就在成都发动了兵变。成都陷入了动乱之中。成都是回不去了。妻儿还留在草堂,杜甫只身在绵州梓州一带流浪。此时,高适接了严武的班,任剑南西川节度使。杜甫写了首《寄高适》发往成都府,委婉动问此时能不能回成都。没有见到高适的回答。那时高适很忙,而且忙得焦头烂额。一上任就遇到徐知道兵变,先在成都平乱。乱刚平,西边岷山中的松州、保州、维州就受到吐蕃大军的猛烈攻击,将要不守。当此关头,要他去照应一个诗人的衣食怕是有些不耐烦吧。

漂泊中的杜甫很怀念在成都草堂安居的日子,以至于写了一首寄给草堂的诗《寄题江外草堂》,并在题目中加了一句话:"梓州作,寄成都故居。"他在诗中回忆了建筑草堂的过程,"诛茅初一亩,广地方连延"。当年是刈除了很多茅草,才辟出了一块地方。"尚念四小松,蔓草易拘缠。"从这句诗里,知道他当年栽下的是四棵松树,现在他想到草堂时最担忧的是这四棵小松树无人护理,会被荒草"拘缠"而死。他寄诗给草堂,草堂不是人,他当然不会希望草堂给他回信,告诉他那几棵小松的消息。

杜甫只好继续流浪,四处就食,还把一家人都接去了。从他这一时期的诗作来看，日子过得还算不错，每去一地，当地大大小小的官员都招待他，大家诗酒往还。在涪江边观舟子打鱼，去射洪县凭吊陈子昂故居。去通泉县，去涪城县，去盐亭县，去阆州，这一去，就是一年多时间。

和初建草堂时要在成都终老的想法不同，这期间他已经在做回故乡的打算了，所以特别关心北方战事进行的情况。杜诗中一首名作《闻官军收河南河北》，正是这种心情的最好反映。"剑外忽传收蓟北，初闻涕泪满衣裳，却看妻子愁何在，漫卷诗书喜欲狂。"还规划了回去的路线："即从巴峡穿巫峡，便下襄阳向洛阳。"杜甫在这首诗后有一条简短的自注："余田园在东京。"唐朝的东京就是洛阳。而且，在其他诗中，杜甫总是说自己老自己病，但这回，官军得胜了，收复了包括洛阳在内的河南河北，他不再称老称病了，而是"白日放歌须纵酒，青春作伴好还乡"。人都变得年轻了。只是，一两场胜仗并不代表战乱结束。战争还有起伏曲折，离真正的结束还有很长时间。

只好还带着一家人在今天三台县，当时的梓州一带盘桓。到763年冬天，他已经下定决心，要离开四川。洛阳还回不去，那就先到"吴楚"，也就是出长江往湖北湖南一带走。临行之前，他给对他颇多照顾的梓州章刺史写了一首诗《将适吴楚，留别章使君，留后兼幕府诸公，得柳字》。准备从今天的三台出发,到阆中,再从那里乘船,顺嘉陵江入长江出三峡。

就在这时,情况一变。

高适在与吐蕃的边境战争中打了败仗,丢掉了岷山中拱卫成都平原的战略要地松州、维州和保州。六十一岁的高适被免去节度使职调往中央任职。严武二次入蜀,再接剑南节度使职。这次是来当救火队长。得到这个消息,杜甫马上改变计划,不去吴楚,要回成都。高适当节度使,不肯认真理会他,但严武他是信得过的。有诗为证:《将赴成都草堂途中有作,先寄严郑公五首》。这次回来,才三十多岁的严武已经封了郑国公了。

"雪山斥候无兵马,锦里逢迎有主人。"你回来任务重啊,因为西边雪山中已经没有唐朝的兵马了,不过,我回成都倒是有好的主人了。雪山中无朝廷兵马,是高适造成的。前一年,没有对他表示欢迎的锦里主人也是高适。这就叫古诗章法中的"隐而不显""怨而不怒"。这回严郑公回来了,诗人要重回草堂了。但那草堂一定都荒芜了:"新松恨不高千尺,恶竹应须斩万竿。"当年栽的松树长得慢,如今也没长高多少吧,倒是那些疯长的竹子可能得砍去不少。"昔去为忧乱兵入,今来已恐邻人非。"当年离去,害怕草堂被徐知道的乱兵糟蹋,今天回来,又担心周围不再是那些熟悉亲切的邻居了。

又回到成都了！草堂还在，并未毁于兵乱。欣喜之余，写《草堂》纪之。

"昔我去草堂，蛮夷塞成都。今我归草堂，成都适无虞。""入门四松在，步屟万竹疏。旧犬喜我归，低徊入衣裾。邻舍喜我归，酤酒携葫芦。大官喜我来，遣骑问所须。"

啊，回来了，草堂还是原来的样子。那四棵松树还在，环绕草堂的竹林也长得很好。这里的狗也还认得我，老邻居也拿着一葫芦酒来庆贺我的归来。

他还为那四棵松树专写了一首诗《四松》，接着又为早前栽下的桃树写了《题桃树》。当年栽下的一百棵桃村都长大了，其中五棵靠近草堂的，横生的枝丫有点挡路，更因为枝叶繁茂遮住了屋里的光线，有访客建议伐掉，但杜甫舍不得，因此写了《题桃树》。

更重要的是，"大官喜我来，遣骑问所须"。大官自然是已经回任的严武。听到诗人回归草堂的消息，严武马上就派人骑着马来问有什么需要。

杜甫似乎又过上当年初营草堂后那样的安稳日子，又开始写欣欣然歌颂成都美景的诗篇了。

《登楼》："锦江春色来天地，玉垒浮云变古今。"

《绝句二首》（其一）："迟日江山丽，春风花草香。泥融飞燕子，沙暖睡鸳鸯。"

《绝句四首》（其三）："两个黄鹂鸣翠柳，一行白鹭上青天。窗含西岭千秋雪，门泊东吴万里船。"

修复草堂需要钱，还是老路子，向人讨要。有个王姓录事官答应过要给杜甫些钱作为"修草堂赀"，但没有兑现。于是杜甫写了一首诗给他。《王录事许修草堂赀不到，聊小诘》："为嗔王录事，不寄草堂赀。昨属愁春雨，能忘欲漏时？"幽默感又回来了。

严武不仅关心他的生活，还从朝廷为他求了个小官职——检校工部员外郎。这也算是有了一份工资收入。当然，杜甫也不可能到中央去上班，就到严武幕府中做些参谋性质的工作。杜甫去城里上班了，与严武的交往就更频繁，杜甫留下好几首诗记他们的交往。《奉待严大夫》："殊方又喜故人来，重镇还须济世才。"《严郑公阶下新松》《严郑公宅同咏竹》《奉观严郑公厅事岷山沱江画图十韵》等。

严武二度镇蜀，其实是来收拾高适留下的烂摊子。最大的一件事，就是收复被吐蕃攻占的松、维、保三州，也就是屏障成都平原的今松潘、理县一带地方。杜甫对边境线上的形势是关注的，在他流浪梓州时，就写有《西山三首》（其二）："辛苦三城戍，长防万里秋。烟尘侵火井，雨雪闭松州。"高适任节度使时，对这些地方的防卫方略保守，杜甫则认为应该取以攻为守的方法，才能抵御吐蕃的进攻。那时三城之一的松州城已经被吐蕃大军重重包围,但高适防守的决心并不坚定。所以流离中的杜甫写了《警急》:"玉垒虽传檄,松州会解围。"这是安慰,只要坚持战斗,松州之围是可解的。接下来是劝告,劝告高不要和谈,不要对和谈抱有幻想:"和亲知拙计,公主漫无归。青海今谁得,西戎实饱飞。"你看,过去与吐蕃搞和亲,前后嫁了文成公主和金城公主过去。但这有用吗?就看看以前是大唐属地的青海现今在谁手里吧。那里已经被吐蕃大军占据,秋高马肥,原野上飞驰的是他们的兵马。杜甫这首诗是十月份在阆中写的。一定是写给高适的,有向他建言献策的意思,但高适没有理会。腊月,松州就陷落了。

严武回来,马上就筹划向西山进兵,并率军于当年秋天收复了西山失地,稳定了边境局势。为此,严武写了一首诗《军城早秋》。杜甫也写了一首诗相和,《奉和严大夫军城早秋》:"秋风袅袅动高旌,玉帐长弓射虏营。已收滴博云间戍,更夺蓬婆雪外城。"

所以,后世研究者讨论杜甫与严武和高适的关系时,就注意到影响杜甫与严武和高适关系的,更深一层还有政见异同的原因。

严武早秋时节率军收复失地,回到成都,放松心情,还与杜甫等一干人出蜀游玩。杜甫也有诗纪其事,《晚秋陪严郑公摩诃池泛舟》:"湍驶风醒酒,船回雾起堤。"

古籍《成都记》中记载,隋朝时筑成都城墙挖土形成一个大洼地,再注水成湖。后来,有个胡僧到了湖边,赞叹了一句"摩诃宫毗罗"。摩诃是梵语,其意是大。毗罗也是梵语,其意为龙。这句意思就是有龙居住的大湖。

今天成都城中已无此湖,很长时间,具体位置也失其所在。这些年成都发展迅猛,建设繁巨,许多古代遗址也因建筑工程而被发现。摩诃池遗址也因此被发现,大致在今天的后子门一带。

杜甫在严武幕中不久,又一次辞去官职。杜甫"性疏放",心里自认与严武既是世交,也是朋友,但到了幕府中会有上下尊卑之分,他自然是不习惯的。所以史书中有他酒后触忤严武之说,但写到这里,文章已经太长。对这个问题,国内研究唐诗的权威傅璇琮先生和人著有《杜甫与严武关系考辨》一文,有兴趣的读者可以参阅。总而言之,杜甫在严武府中的日子过得并不舒心。这也有他的诗为证,《宿府》,也就是上班时间不能回草堂,使他感到苦闷与孤独:"已忍伶俜十年事,强移栖息一枝安。"《遣闷奉呈严公二十韵》:"束缚酬知己,蹉跎效小忠。"

765年正月间,杜甫又回到浣花溪边的草堂。这回,他是下定决心要在这里安安静静地过日子了。《营屋》,修整草堂。《除草》，把园中的荨麻，也就是蜇人的恶草除掉。"茅屋还堪赋，桃源自可寻。""凿井交棕叶，开渠断竹根。"那么，杜甫和严武关系又会发生什么样的变化呢？可惜的是，我们看不到这个故事的发展了。这一年四月，才四十岁的严武突然在成都暴病而亡。这位能文能武的封疆大吏，就这样走了。《全唐诗》中存杜甫诗一千余首，严武诗只有六首，且其中两首是因有杜甫相和而留下的。

这一回，失去荫庇的杜甫真的只好离开成都，离开浣花溪，离开草堂了。

五月，《去蜀》："五载客蜀郡"。759年年底到，765年初夏离开，差不多六年时间。"一年居梓州"，其间一年多时间是在三台、阆中一带度过的。"如何关塞阻，转作潇湘游。"

成都，这座建城史长达两千多年的古城，真正代表城市古老历史的物理遗迹基本都无迹可寻。城墙没有了，华屋没有了，杜诗中写到的张仪楼没有了，黄师塔没有了，石笋没有了，摩诃池也没有了。成都以一座文化名城存在，主要凭借文字的记录了。书写成都，最优美数量也最多的，就是杜甫。此前，成都出了一个大文豪司马相如，他的《上林赋》是书写都市景象的名篇，但他出川求仕，写的是汉代长安。只有杜甫，在成都三年多时间，留下了那么多关于成都的诗篇。清澈的江水、丰富的植物、温润的气候、众多的古迹、时人的身影与生活场景、城市的气象，无一不在他笔下清晰呈现。没有杜诗，我们几乎无法描摹成都；没有杜甫，我们也几乎无法歌颂成都。

多么好啊，杜甫还留下了一座草堂，永驻成都。即便这座草堂并不真是杜甫当年那座草堂，但这座草堂的存在也表示了成都对杜甫的珍重。

杜甫让我们更爱成都，当然，我们也就更爱杜甫。

奥地利诗人里尔克说："从此以后，你爱上这个人。这意味着，你要努力地用你温柔的双手将他的人格的轮廓按照你当时看到的样子描绘出来。"那个其实不会好好种地的杜甫，那个渴望出仕却又不能躬身逢迎混迹官场的杜甫，自己用丰富的诗作展现了自己，以至于用不着我们再费什么笔墨来描绘他。我们只要在锦江夜雨时轻声吟咏他那些诗作就好了。

回望成都

杜甫又走上他的流浪之路了。

他用诗为我们标注他东去的行迹。

他是从水路出川的。嘉州（乐山），宿过一个驿站叫青溪驿。戎州（宜宾），有杨使君请他喝酒，吃了当地产的荔枝。渝州（重庆），等一个朋友一起入三峡，没有等到，便先登船走了。忠州（忠县），喝了一种酒叫麹米春。

也是在这里，他得到高适死去的消息。《闻高常侍亡》："归朝不相见，蜀使忽传亡。"

盛唐诗凋零的日子到来了。

三年前，从四川出发的诗人李白死了。

现在高适死了，离开四川仅仅一年时间。

还有曾经在西域军旅中挥洒豪迈诗情的岑参，765年接到嘉州刺史的任命，本来是可以在成都和老友杜甫见上一面的。可是，严武一死，蜀中又陷于战乱，因道路不通，走到半途又回去了。直到第二年，才来到四川。再四年，公元770年，岑参死于成都。也是这一年，漂泊无依的杜甫死于去往岳阳的小船之上。是的，杜甫乘船东去，与四川渐行渐远时，盛唐这个中国精神史中国诗歌史上最伟大的众声合唱的时代，正在垂下终场的帷幕。我知道文学史上说盛唐不只是这几位诗人，但对我来说，当这几个我最喜爱的诗人消失，那个伟大的时代也就结束了。

在我眼中，盛唐诗歌的帷幕，可以说是在四川关上的。

杜甫在江上，还遇到了送严武灵柩回乡的船。《哭严仆射归榇》，与严武做最后的告别："风送蛟龙匣，天长骠骑营。一哀三峡暮，遗后见君情。"

人一死，曾有过的怨怼都消失了，留下的只有对温暖友情的深深怀念。对严武如此，对高适也是如此。

对这两位故人的怀念，也触发了他对成都寓居岁月的怀念。

云安（重庆云阳），杜甫在这里生病，卧床不起，却写了深情怀念成都的《怀锦水居止二首》："万里桥南宅，百花潭北庄。层轩皆面水，老树饱经霜。雪岭界天白，锦城曛日黄。惜哉形胜地，回首一茫茫。"

还是卧病云安时，暮春初夏，他听到了杜鹃鸟的叫声。这又令他魂归成都，魂归使杜鹃的啼鸣有了象征意义的成都。那个意义是李商隐用"望帝春心托杜鹃"那句有名的诗揭示过的。

"西川有杜鹃，东川无杜鹃。涪万无杜鹃，云安有杜鹃。我昔游锦城，结庐锦水边。有竹一顷余，乔木上参天。杜鹃暮春至，哀哀叫其间。我见常再拜，重是古帝魂。"

我不是一个多情的人，但在成都春深，杜鹃花开之时，听闻浓荫深处传来杜鹃的啼叫，就会想起这首《杜鹃》诗，有时会忍不住热泪涌动。使杜甫再拜的是望帝之魂，使我泪流难已的，是杜甫优美深情的诗篇。

大历五年，公元770年，杜甫生命的最后一年，也是堪与秦州岁月相比的最悲苦的一年。以中国之大，竟没有让最伟大诗人寄寓的一块土地。杜甫生命的最后一年基本上是在一叶孤舟上度过的。流浪的他,前途无依,只余回忆。

这年正月,他翻检行囊中的旧文稿,高适赠他的一首诗《人日寄杜二拾遗》,赫然呈现眼前。"人日题诗寄草堂,遥怜故人思故乡。柳条弄色不忍见,梅花满枝空断肠!身在南蕃无所预,心怀百忧复千虑。今年人日空相忆,明年人日知何处?"

高适这首诗写于761年春节,那时他刚到蜀州刺史任上不久。前面说过,那时杜甫对高适有情绪有意见。所以,那么勤于写作,甚至跟名声不好的暴虐的花将军都不止酬唱过一次的杜甫,居然没有回复高适。在这正月的寒江之上,登岸几天便又登船漂泊,身陷战乱,饱尝世态炎凉的杜甫,想必有些后悔,自己当年对高适可能有些过于苛求了。

现在,他在公元770年,回复高适761年大年初七写给他的那首诗了。这时高适死去已经五年。那首诗写就的时间已经将近十年。他要写这首诗了:《追酬故高蜀州人日见记》。他在序文中写道:"开文书帙中,检所遗忘。因得故高常侍适往居在成都时,高任蜀州刺史人日相忆见寄诗,泪洒行间。读终篇末。自柱诗,已十余年。莫记存殁,又六七年矣!"

"自蒙蜀州人日作,不意清诗久零落。今晨散帙眼忽开,迸泪幽吟事如昨。呜呼壮士多慷慨,合沓高名动寥廓。叹我凄凄求友篇,感时郁郁匡君略。"

这些旧友一走,天下就寂寞了。

"东西南北更谁论,白首扁舟病独存。"不要说自己老病如此,无助如此,即便是成都的春光,没有了高适这样的人,也是"锦里春光空烂漫"了。盛唐已成旧梦,盛唐一代的诗人也相继凋零。杜甫写下此诗后不久,岑参在成都死去。然后,这年年底,杜甫在舟中死去。

相对杜甫在其他地方的遭遇,四川厚待了杜甫,成都厚待了杜甫。杜甫则一如既往用诗歌回报成都,连他去世前写的最后诗篇也与锦城相关。他"追酬"故友高适的这首诗,更是贡献给成都一个节日中的节日:草堂人日。一个回味成都文化韵事的节日。

杜甫草堂那副对联写得好:"锦水春光公占却,草堂人日我归来。"一座城市,无论是历史还是春光,只有经过书写与描绘了它的人才能真正占有,才能持久与永恒,不然都是稍纵即逝的过眼烟云。杜甫的诗揭示并决定了成都这座城市的审美基调。

红梅初放,柳色簇新,草堂人日,我们来了。成都,浣花溪畔的杜甫千诗碑正在建设。成都,人日游草堂已成风习。今年人日,我有幸担任本回人日祭祀的主祭人,作为成都市民,作为深爱杜诗的成都市民,这是我巨大的荣耀。为此,还专门去做了一身庄重的衣裳,并亲写了祭文。今天,写成此文,已是2017年岁末了。就把祭文抄在这里，作为这篇向诗圣致敬的文章的结束吧：

维公元二〇一七年，岁次丁酉，正月初七人日，成都杜甫草堂博物馆、四川省杜甫学会、成都市中小学校，及社会各界人士，汇集于大雅堂前，谨备鲜花雅乐，敬祭杜甫先生之灵。辞曰：

中华文化，源远流长。起于夏周，盛于汉唐。文脉流转，群星璀璨。诗圣杜甫，继往开来，承上古雅正之义，张盛唐海纳风尚。公之一生，体圣人心，践圣人言，与国同运，与民同命。身在盛世，写大诗史。遭逢乱离，状真世情。苍生疾苦，笔底波澜。颠沛流离，来在成都，浣花溪畔，筑此草堂。植桃树竹，并留诗章。微风细雨夜，似听哀玉声。水槛遣心时，描摹锦城景。城中十万户，此处两三家。茅屋秋风破，西岭雪山青。栖乱离世，怀忧国心。出师未捷死，英雄泪满襟。漫卷诗书去千里，留此草堂万世名。

今逢人日，梅蕊飘香。少长咸集，齐聚草堂。咏诗圣诗，体诗圣意。新柳弄色，红梅初放。光阴百代过，国体日日新。万里船正发，锦城景更明！诗圣有诗在，犹状新时代：星垂平野阔，月涌大江流。壮哉大中国，开天大画图！诗圣遗诗教，随风潜我怀。教我写时代，教我抒心怀，教我忧黎元，教我怀家国。诗圣精神，世代承传。文化复兴，再写华章。

在此人日，来拜草堂。杜高酬唱，万古流芳。缅怀先生，想象容光。高山仰止，再咏华章。古柏森森，修竹篁篁。岷山皑皑，锦水长长。工部道德，拾遗文章。千载不灭，万古流芳。尚飨！

鸟类的悲剧是地域的，
家族的宿命也是属于这个地域的
——读《心灵的慰藉：一部非同寻常的地域与家族史》

1月中旬去北京，和北大哲学系的刘华杰教授做了一次对话。

不是谈哲学。刘华杰教授有强烈的植物学爱好，我对植物也有超乎常人的热爱。中国科学技术出版社出了一本关于刘教授如何爱植物，如何不遗余力推广博物学的书——《看花是种世界观》。书是云南爱昆虫的记者杨鸿雁写的。我应邀为这本书写了一篇序《爱花人说识花人》。这一回，几个爱看花的人，爱看鸟看虫子的人聚在一起，借北大生物系的地方，开了一个小会，就十几个人参加，听我和刘教授漫谈。刘教授多从博物学谈起。我谈得多的是自然文学。角度不同，最终都归于如何认识自然，热爱自然。

北大已经放假，校园里不像平日那般喧哗。早晨，北大图书馆的王彬陪我绕湖行走，他教我认识很多鸟：湖上的绿头鸭与鸳鸯，湖边干枯苇丛上停着的燕尾雀，还有树上叽叽喳喳飞来的两种喜鹊。未名湖结了冰，冰面上映着博雅塔的倒影。

这个活动让我打消了为两本与印度有关的书写读书记的念头。一本写印度阿萨姆茶叶种植园，一本是奈保尔的。去北京时，往电脑包里塞了两本自然文学的书，利奥波德的《沙乡年鉴》和特丽·威廉斯的《心灵的慰藉：一部非同寻常的地域与家族史》（后文简称《心灵的慰藉》）。这是第三次读利奥波德了。他观察自然，在人与自然关系上有大领悟，发明了一种他自己命名为"生态伦理"的新观念，影响了全世界人的自然观。过去，人们看待自然，都以有用无用做取舍的标准。利奥波德提出，自然界所有生命都是自在的，互相依赖，共生共荣，在这个意义上，都是缺一不可的，人类不能以有用无用来决定其价值。我在会上转述这个观点，刘华杰教授说，这就是当下所说的"命运共同体"，从人类扩展到地球上所有生命体的"命运共同体"。我想起《妙法莲华经》中的句子，天下众生都是："一云所雨……一雨所润。"

去年夏天，我应邀去上海，与一个来访的美国作家对话。这个作家就是特丽·威廉斯。我去了，因为我读过她的自然文学作品《心灵的慰藉》。开谈的时候，彼此都有些拘谨，谈到中途，她就站起身来与我拥抱，并相约，相同的话题还要邀我去她工作的大学再谈一次。

215

那这回索性就谈谈这本书。

这本书的副标题是"一部非同寻常的地域与家族史",所书写的地域是美国犹他州的大盐湖,美国最大的水禽保护区。该区内有二百零八种鸟类,湖泊的任何一点变化,都给鸟类生存带来巨大影响。有一种变化是自然的变化,湖水面积周期性缩小或扩大。由于气候变暖,上游来水增加,湖泊的水面不断升高。

"在过去的两年中,犹他州失去了85%的湿地。"

"在大盐湖周边营造地巢的鸟类之中,反嘴鹬和长脚鹬被彻底驱除了。"

这是自然的变化,而有的变化是人类活动的结果。一条铁路从湖水穿过,路基把湖水一分为二,有来水的一半含盐量越来越低,自然水流被阻断的另一半湖水越来越咸。这都造成了动植物生存秩序的紊乱。还有沿湖而行的州际公路也挤占或分割了鸟类的生存空间。

人工干预又会造成新的问题。比如在上游筑坝,减少进入盐湖的水量,但新的水库又会造成什么新问题不得而知。加上新工程耗资巨大,未能在州议会通过。只好任盐湖水继续上涨。

书中说,此前州议会曾通过决议,不能让盐湖水面超过四千二百零二英尺(一千二百八十米),但人类的纸上决议对大自然没有约束能力。大自然的意志不受法令限制。于是，盐湖水不断上涨，很长时间都在四千二百一十一英尺（一千二百八十三米），也就是超过法令规定九英尺的峰值上下徘徊。

何况美国空军还把这里视为无人之地，在沙漠里摆布大量坦克装甲车等军事装备，派飞机轰炸扫射，进行大规模的实弹训练。

特丽·威廉斯女士在这本书中，详尽地记录了湖的变化导致的鸟类生态的变化。

"海番鸭的巢顺水漂浮。"

"雪鹭在漫过柏油路的水流中捕鱼。"

"我到大盐湖去寻求方向，在变化之中给自己重新定位。每去一次都不同凡响。湖在变，我也在变。不变的总是这里的海鸥，平凡依旧——黑色、白色和灰色。"

最后一段的描写，人与自然已经合二而一了。我们有一个经常使用的词：融入。对于人际的不同圈子，野心勃勃的人总是拼命融入，但于自然界而言，大多数时候热爱或融入就是一句空话。中国文化，从审美到道德观，在自然的认知上都缺少真诚的实践。在上海的讲堂上，我说起自己对青藏高原植物的观察，那些美丽植物给我的美学与道德滋养，特丽女士问我："你确定你是说它们对你产生道德性的影响？"我给了她肯定的回答。她又站起身来，给我一个拥抱。我想，那时，我们就是生命共同体里的同志与同胞。特丽女士继续写道:"我继续观望着海鸥。它们那由盐水浸过的羽毛变得清新,那羽毛的变化仿佛发生在我自己身上。"

这部书在书写大盐湖上的鸟类悲剧性命运的同时,另一条线索却是写作者自己的家庭。她的母亲得了癌症,全家人因此笼罩在亲人死亡的阴影中。这是她的家族宿命的疾病。鸟类的悲剧是地域的,家族的宿命也是属于这个地域的。所以这本书的副标题是"一部非同寻常的地域与家族史"。

"我的母亲、祖母、外祖母以及六位姑姑姨姨都做了乳房切除手术。其中七人已经过世。"

"我自己也有问题:两次切片检验确诊为乳腺癌。"

特丽女士的家乡犹他州的内华达沙漠曾是美国试爆核武器的地方。

"美国西南部的孩子是喝着受污染的牛产出的奶,甚至是喝着自己母亲受了污染的母乳长大的,诸如我的母亲——多年后,有了我们这个单乳母性家族。"

在这种情形下,特丽女士没有麻木不仁,听天由命,而是由己及人,不但在书中思考人的命运,而且不断通过观察鸟类,投入鸟类保护运动,把个人的命运与更广大的现实连接,与更多的生命共振,在更高也更大的范围内思考与叩问。

在书的结尾,她把母亲生前喜爱的万寿菊带到湖上。

"我们红色的独木舟成了一片顺水漂浮的流木。"

"一只环嘴鸥从我们头顶飞过,接着,又飞过一只。我坐起来,小心翼翼地从衣袋里取出一个小袋子,解开系住袋口、防止袋内之物外流的那根细长的皮绳。布鲁克坐起来,探过身子。我将花瓣摇进他的手心,然后,又倒入我的手心。我们双双将万寿菊花瓣抛撒进大盐湖。"

"它是承载我忧伤的港湾。"

"我心灵的慰藉。"

这才是本书的要点所在。大自然并不是一种外在环境,而是我们生命与情感的一个部分。中国社会,即便是在古代的发展,就总以牺牲环境、山河破碎作为代价。从古代有农耕社会起,就开始制造荒漠。之所以没有对自然造成如今天这般普遍性的损毁,只是因为人口不如今天众多,技术手段没有今天发达而已。即便是那些纵情山水的文学书写,也是托物寄意的路数。不仅没有发展出科学的自然观,甚至连斯宾诺莎们类似于宗教体验的自然神性也告阙如。

如何健全我们的自然观,真正了解自然,尊重自然,融入自然?刘华杰教授和他的朋友们提倡的博物学,正是从身边一草一木、一虫一鸟的认识开始。西方科学的昌明,博物学正是一个伟大的发端。这也合于中国古代"多识花鸟虫鱼之名"和"格物致知"的古训——虽然在中国漫长的文明史中,这一古训从未被真正实践。

如何树立正确健全的自然观,在我看来,阅读美国自然文学那些经典作品,也是一个可靠的途径。

这本书的译者程虹教授多年从事美国自然文学研究,其研究专著《寻归荒野》可以作为阅读自然文学的入门书。关于自然文学,要读哪些书,知道哪些人,《寻归荒野》是一本很好的指南。

这些书和写下这些书的人,不只成功地对自然进行了科学而诗意的书写,更通过行动,把这些认知与观念传递到社会的各个层面,影响并修正了人类文明的发展方向。

说了这么多,读者会问,什么是自然文学?

还是引程虹教授为她亲译的"美国自然文学经典译丛"所作的序言作为结束吧。

"自然文学又不是一种高高在上、脱离社会、逃避责任的文学。它主张现代文明应当重新唤起人类思家的亲情,人类与土地的联系,人类与整个生态体系的联系,并从中找出一种平衡的生活方式,引导人们从个人的情感世界走向容纳万物的慈爱境界。"

除了理性与感情融和的力量，
我们更感到一个伟大科学家强大的人格力量
——读《爱因斯坦晚年文集》

这个世界上有些词，我们听起来十分熟悉，甚至经常挂在嘴边，但其实我们并不确切知道这个词所代表的意思。

这些词多半属于名词。

在古代人的生活中，这样的词多半属于政治。比如说"天下"，从古代到现代，人人都说"天下"，其实只有深宫里的皇帝才能充分体会得出这个词有着怎样的意味。

现在的时代比起皇权统治的漫长世纪已经有了巨大变化。巨变之一就是，科学在社会生活中的地位越来越重要。

于是，与科学有关的人与事便以名词的方式在我们周围通过各种途径广为传播。

与科学有关的那些人，没有哪一个能比爱因斯坦这个人的名声更大更响亮。与科学有关的事，可能没有哪一种会像爱因斯坦发明的相对论那样，被如此众多的人知道，同时，又不能确切地懂得，甚至似是而非地懂得。

记得看过一本科学家的传记，书中记载有一位著名教授说，相对论虽然诞生很多年了，但这个世界上真正懂得相对论的人，连爱因斯坦在内不会超过三个人。说这话的好像是一位数学家，他当然自认为是那三个超级科学精英中的一个。

我则自认是那众多似是而非者当中的一个。

可能是受这观点的影响，我一直不敢正面来谈爱因斯坦，却又想谈一谈他。因为这样一个科学史上继往开来的伟大人物，我们不可能永远假装他不存在一样避而不谈。

现在，一本《爱因斯坦晚年文集》放在了我的面前。

读完大部分篇目之后，重要的收获之一就是，我发现可以用曲折的方式来谈一谈爱因斯坦，也就是用不谈相对论的方式来谈爱因斯坦。

虽然在这本书里，爱因斯坦再次以尽量通俗的方式向公众谈了他的相对论。但是，我在这篇文章中也没有找到一种用两三句话便把事情说得一清二楚的简洁方式。倒是他的一些其他文章激起了我更多的兴趣。

在晚年，他对自己的研究领域，对别的科学家，对政治，对整个人类社会发表了许多自己的看法。

其中一辑，便以集中的方式写到了好几位科学家。其中有物理学巨匠牛顿和天文学家开普勒这样属于历史的伟大人物，更多的笔墨却集中在了与他生活于同一时代的科学家身上，比如玛丽·居里与普朗克。

从这样的文章中，我们当然可以获得一点科学常识（这些科学家在科学上的贡献）。更重要的是，这些文字同样也是具有审美意义的：内在激情通过简洁的语言得到了有力的表达。

流行的观点向来把生动的表达归属于文学，同时认为，文学之外的表达自然就是枯燥的表达，这其实是一个非常错误的观念。

古往今来，很多说理的文章在见解深刻的同时，写得情感饱满文采飞扬；而一些很文学的感时伤怀的文字却空洞乏味，矫揉造作，在美丽辞藻后面隐藏着的，其实是一个空洞的灵魂。

而在这样具有实在内容的文字中，除了理性与感情融和的力量，我们更感到了一个伟大的科学家强大的人格力量。

一个成都市民读《成都调查》

三个原因使我决定要读《成都调查》。

最重要那一个,我是成都市民,对这座城市正在发生的一切理应有深度兴趣。

关于成都的文字很多,这是城市形象宣传的一大成功。这些文字动情、华丽,成功地描述了城市生活的浮华表面,是关于成都的浅阅读。在一个巨变的时代,在一个社会处于转型期的时代,我们需要有一些更深入的体味与观察。

前述那种文字多有其缘故,因为方便,因为容易,因为流行媒体对这类文字的大量需求。而真正的变化是潜流,而大多数书写的人,和本人一样,只是被这潜流推在表面的浪花。要真正描写那种潜在的力量,需要深潜。深潜需要勇气,更需要容纳。

关于中国变化的很多文字,很早以来,总是由外国人书写。在我们这个特别的文化生态中,看起来很不方便的外国人,其实有更多方便。比如关于红军的文字,出于美国人埃德加·斯诺。那时,红军中也有很好的作家,比如参加了长征的成仿吾,比如长征结束不久就去了陕北的丁玲。

我这个"只缘身在此山中"的人,自然对外来和尚怎么念本时本地这本经,兴味盎然。

这时,我正在为一部筹备中的电影,辗转几个城市:成都、昆明、三亚、上海,这本书都是我的机上读物。

其次的原因,奈斯比特这个人,很吸引我。

记得几年前,他写过一本书,叫《中国大趋势》,总结出中国经济社会发展的八大支柱。《南方周末》发表过他的大版访谈,题目忘记了,意思却记得。他说,中国有很好的故事,但你们自己没有讲好这些故事。

这才唤醒记忆。原来此君是老熟人了。20世纪80年代,有两本书带来了一个新词叫"未来学"。一本是托夫勒的《第三次浪潮》,一本就是奈斯比特的《大趋势》。我读过这两本书。后来,不大读未来学了。因为中国的问题似乎永远是当下复杂的现实,不论官方还是民间,大多数的讨论,重点都纠结在当下的疑难杂症。将来?有交给将来人操心的意思。

再后来,关于未来的书只读过一本《数字化生存》。那时主持一本杂志,还买了一堆来,发给编辑同人,送给常为杂志撰稿的作家。那个数字化的将来很切近,且无关乎社会体制,是技术（互联网）改变生活方式的预言。以后，奈斯比特的未来趋势系列化了——《亚洲大趋势》《中国大趋势》，直至他移笔成都，写出这本《成都调查》。

这肯定可以激起一个成都市民的好奇心。他如何来讲述成都故事？

第三个原因：为什么是成都？

奈氏在书中透露了选择标准："必须选择某个社会经济发展走在前列、可以起到头羊作用的地区作为研究对象。"

他的研究与观察从亚洲而中国，当需要深入中国的局部时，依据自己的标准，首选便是"雄心勃勃的西部地区的成都市"。因为"成都在解决中国最为急迫的问题——城乡一体化和缩小贫富差距方面的确发挥着先锋作用"。

成都作为国家城乡统筹试验区，进行城乡一体化的实践已经展开好些年了。

正是这个时期，官方允诺的、民间呼唤的体制改革其实已多年裹脚不前。绝大多数时候，人们对体制改革的议论与期待，主要都集中在诸如要不要仿效西方式的宪政与选举之类的议题上。

用托克维尔在《民主是社会的一种存在方式》一文的观点，民主有两个维度：一个维度是民主—社会基础；一个维度是民主—政治体制。而我们关于改革的话题，似乎过于集中于政治体制，而在有意无意间忽略着前一个维度：社会，全体公民的社会。甚至，在有关讨论中，也有意无意地忽略着广大的乡村与持乡村户籍的大多数：农民。

我个人的观点，如果中国还存在巨大的城乡经济与文化差别，存在着城乡两种户口的人群，一部分较为充分地享受着社会经济发展的成果，另一部分人的基本权利却继续被轻视，那任何体制改革都会因为只由占人口较少拥有城市户籍的人群分享到改革的红利而带来问题。

我们的社会中城乡二元体制造成的不充分不均衡是最大最持久的。这个问题差不多和共和国迄今几十年的历史相始终。如果这个社会问题没有解决，这样的改革即便暂时成功，那也只能是暂时的成功。

奈斯比特注意到，"在走向现代化之初，中国开创性地向农民赋予了个人权利"。他指的是"规定农民享有决定种植何种作物的自由"，也就是土地使用权。他当然知道这远不是完整的个人权利。

这其实是农民被第二次赋予这样的权利。第一次，是从中华人民共和国成立前就开始在解放区实行的土地改革。只不过好景不长，随之而来的集体化又使他们迅速失去了这短暂拥有的权利。"进入21世纪以来，尽管中国经济取得了巨大的成功……中国农民远远地落在时代发展步伐之后。"

于是，十六大提出统筹城乡的经济社会发展方略。

而成都市开始实行城乡一体化的探索，又过了好几年。由此可以推想，当这改革真正开始实行时，对改革的推进者来说，又该是如何踌躇而艰难。在中国日益复杂的棋局中，任何一枚棋子的挪移，都必然包含不止一种两种的考量。

从一般的意义而言，任何一种体制自建立伊始，就成为不断改良的对象。如果长期不得改良，到了非改不可的时候，代价必然十分巨大。自上而下，或自下而上，必定充满不同群体的利益权衡。自内而外，或自外而内，无论是施行改革者还是接受改革者，都必然经历观念的冲击。这些观念都非同小可，都关涉对国家、对政体、对社会、对个人权利的新的体察与认知。

中国的行政体制，在设计上日益复杂化，其好处与坏处都在这里。对不希望改革发生的人，固守因此变得容易。而对施行改革的人来说，些微的变化都牵一发而动全身，难。所以，对施行城乡一体化实验的成都市施政方，正如奈氏所说，"地方政府不仅需要强有力且富有智慧的管理，还需要社会责任感"。

奈氏总结中国创造经济奇迹的原因，是八大支柱。

他总结成都改革则是铁三角：产权改革，公共服务均等化，基层民主，并提炼出一个核心——尊重个人权利。

三者之中，公共服务均等化比较容易。因为这要求的主要是政府的财政能力。也就是说，政府要让农村户籍的人，享受城市户籍人的医疗、教育、各项社会福利性的保险，以至于城市人口享有的种种方便。取消城乡户籍的差异，更多就是要政府拿出钱来，办这些事情。

中国的城乡二元制度设计，最初就是因为政府没有钱，所以只好让少部分人先享受社会主义制度的优越性。如今政府有了钱，是弥补这个过失的时候了。这也是城乡一体化实验中，最容易做到的部分。

基层民主，在中国的政治与文化生态中，则包含着更多的观念性冲突与风险。成都市基层民主的核心，是村民议事会的建立。传统的中国乡村，实行的是高度自治。从二十世纪二三十年代，就有知识分子深入乡村，进行乡村建设实验，其中一个重要内容，就是使传统的乡村自治具有更现代的民主因素。但这些实验，基本都无果而终。

在我想来，原因无非两个：一个是过于局部，而没有与整个时代吻合的接口；再一个，没有政府介入，容易成为无政府的乌托邦。今天成都的村民议事会制度的成功尝试，既保持了政府明晰的导向，也尊重了其来有自的中国乡村自治传统，是一个巧妙的平衡。民主的要义，既在主张自我的权利，也要明确自我管理与约束的义务与责任。村民议事会，让新农村的公民在实践中接受了民主的行事规则，也接受了初步的民主教育。

而三者之中，最有政策难度或风险，各种利益也最难均衡调整，因此需要政策制定者与施行者的管理智慧与实践勇气的自然是产权改革。农村的产权改革，说到底就是土地和农民的关系。

20世纪下半叶，中国农民拥有的，是土地的使用权，国家依靠户籍制度和小块土地将农民固着于乡村。如果社会就此静止，这个制度设计就不会有什么问题。但是，社会是变量。最大的两个变量：人口的增加，制造业服务业发展带来的城市化，都要求可耕种的土地和可用于建设的土地的增加。

于是，农民的人均耕地日益减少，部分农民干脆失去附身其上的土地。于是，除了一个空荡荡的户籍本（奈氏的话是"一个类似于护照的小本子"），有的就是一身气力了。于是，少地的农民、失地的农民和土地产出不高的农民势必向着需要越来越多劳动力的城市转移。

与此同时，有限的土地资源需要更多的技术、更大规模的经营来提高效益。只有使用权的土地也需要像拥有所有权的土地一样出租，流转，集中起来通过规模化经营获取更多的产出和更高的效益。我想，成都农村土地确权的成功之处，就是搁置了土地所有权理论制约，确认了农民对名下土地的处置的自由，使其不仅有"种植的自由"，还有流转或出租的自由，这样，在他们成为城市劳动力后，依然可以从名下的土地得到一定的收益。

我也在网上看到过反对意见,大意是说这无非是当地政府的圈地阴谋。虽然说,在一个功利权衡太多的社会,用阴谋来揣测改革也不无合理的心理基础。可是如果我们认为城市化与工业化是一种必然,圈地运动必然会发生(圈地这个词也来自比我们工业化早的外国),那么问题的实质就不在圈不圈地,而在于怎么个圈法。是损害被圈者的利益,还是圈地的同时为他们寻求到新的出路,进而提升他们的生活品质。我以为,成都市的实践,总体上是一种成功的实践,按奈氏的话说,是"尊重了个人权利"的实践。

有必要照应一下前面的话。

也就是法国人托克维尔的话,民主的两个维度,一个是体制,一个是社会。我想,改革也是一样,一个是政治体制,一个是社会基础。中国城乡二元的社会基础本身是所有不公正中最大的那一个,如果这个基础没有改变,我不相信中国体制性的改革会取得成功。

而成都的城乡一体化改革试验,自然也会牵连到一些体制性的问题,但着力点,还是重在改变中国社会这个不公平的基础。先让这个社会宽大的底部变得合理公平,其他的改革才更有合法性,也更有动力,因此也更可能取得成功。

当年托克维尔写《民主是社会的一种存在方式》,就是因为他认为法国大革命如此暴烈，国家人民付出如此巨大牺牲，一个重要原因，就是重视政治体制自上而下的改革，而忽视了自下而上的社会基础建设。

成都这个城市有很多优点，让她的居民自感荣耀。我以为，就当下而言，成都市率先着力于公平社会的建立，也可以作为一个成都市民的荣耀。作为身处西部内陆城市的成都，在改革开放的进程中，一直在亦步亦趋地学习别人、追赶别人。而其在城乡一体化，公平社会基础的建设方面，最终走到了全国的前列，作为成都市民更有理由为此感到鼓舞。

一个人肯定不乐意待在一个一潭死水的地方，所谓"与有荣焉"就是这个意思。这也是读了这本与自己专业无关的书，进而写下这篇读后感的原因。

诚然，我们还不能最后定论说，这项改革已然成功。任何改革，成功与否，除了前述那些困难，行政系统中公务人员的认知与执行如何，以及被改革者自身的觉悟与响应程度，也是决定改革成败不可忽视的因素。历史上很多制度设计层面很好的改革，最终功亏一篑，很多时候都是因为理解的分歧与执行的偏差。一句话，改革参与者的素质，也能使一项改革功败垂成。

前两天，在成都市最繁华的春熙路上，遇到的一件小事，让我想了很多。衣着入时的三十多岁的一男一女，应该是这个城市的高端市民吧，因为拥挤来了个小小的相撞，便争执起来。最后，女人骂男人最狠的话就是："你就是个农民！"男人回敬的话也一样："你才是农民！"

这个时候，成都的城乡一体化建设已经进行好些年了。说不定，这样的人，还是改革中某一局部某一环节的参与者。

但令人鼓舞的是，无论是读这本书，还是自己作为一个市民的所见所闻，都让我感到自己所在的这座城市的领导者有创新的智慧，有敢为天下先的勇气，更有实现这方略的执行力。智慧、勇气、执行力，正在使这座城市经历前所未有的巨变。

这也使我们有理由期待：有一天，我们说到农民这个词的时候，没有轻蔑与不屑；有一天，我们说起农民这个词的时候，只是表示一种职业，而不是身份的差别。

一本书与一个人
——周克芹印象

想当年加入"文学新星"丛书时,那些与我同列这个名单上的大多数人,都是相当有名的青年作家。而我这颗"新星"还是非常暗淡的。只发表过很少一点作品,而且都是在一些无名的杂志上。不要说在全国,就是在省内,数上十个青年作家的名字,我的名字仍在孙山之外。

20世纪80年代的文坛是多么喧哗啊!那时我写诗。诗坛的喧哗是集团性的喧哗,革命和造反的喧哗。革命总跟激情与野心有关。就是在这个时候,我慢慢离开诗歌,悄悄转入小说写作。一来,是不想加入某个团体去拥戴充满领袖欲望的人;二来,喧哗太甚的结果是,主张太多就失去了主张,标准太多就失去了标准,诗歌从看似的繁盛开始失序与凋落。革命的成果如何不重要,革不革命更加重要;新创的标准符不符合根本的诗学原则不重要,重要的是能不能提出几条大胆的标准。我写得不多,都发在很不重要的刊物上。没有参加过像样的文学集会与活动,没有打算去那些文学重镇去认识文坛上的重要人物,就是默默读书、写作。我的写作像是对于文坛的逃离,而不是进入。我想进入吗?也许。真要逃离吗?也许。

偶尔参加一次文学集会,最讨厌正走红或自认走红的新秀大谈文坛逸事,大谈和一些文坛重要人物的交往。无论如何,最后还是进入了。而且是自愿进入。那一年,看到四川省作家协会的一个通知,说是要与北京某杂志开笔会,在全省征集短篇小说,经过初选的作家有机会参加这个笔会。当时手头正有两个短篇。其中一篇是写一伙人半夜爬上马尔康镇北面的山头去等待彗星出现。为什么要看彗星呢?所有看彗星的人都不是天文爱好者。所以要去看,是因为那颗彗星叫作哈雷。每七十六年出现一次。也就是说,下次它再出现时,这伙二十多岁还觉得前程茫然的人都早不在这个世界上了。从某种程度上说,当你身处像马尔康那样一个僻远的所在,也就跟不存在于这个世界上一样。彗星终于出来了,人们却什么都没看见,没有观测器材。然后,一群人带着一身尘土,或者失望,或者仍然兴奋着回到了山下那日复一日的生活中了。

我把两篇小说寄给四川作协。信是春天寄出的,秋天得到通知去参加这个笔会。寄信人是四川作协的领导之一、很有名气的作家周克芹。那时,看过他小说改编的电影,没有看过他的小说,但知道他的名字。从一个农民到一个名作家,他是媒体上宣传的用文学改变命运的一个传奇。

　　信写得很平和、很节制,有限度地表扬我很有小说感觉。并且说,如果有机会去成都,希望见面谈谈话,如果不愿意到单位,请到他家里去。后来,我们若干次见,都是在他家里。谈读什么书,读书的大致感觉。我觉得,这个朴素的人给我的好感比他小说给我的好感更多。我也谈一些关于写作的想法。那时,一个少数民族身份的人写作,总被认为有很多优势,但我并不这么认为,我谈用汉语表现非汉语生存与思想的困窘。

　　参加那次笔会是我和克芹老师第一次见面。北京杂志来的人,自信得有些傲慢。这也阻碍了和他们的正常交往。后来,我被告知,两个短篇都被留用了。散了笔会,坐长途车回家。记得公路经过的大山上已经积雪了。雪下露出未被完全覆盖的秋草,很萧然的样子,心境差不多也是一样。当然,也一直盼着那本杂志发表我的小说。那两篇小说没有在这本杂志上发表。而且,这两篇手写的没有复本的小说再也不会回到我手中来了。编辑部总被受宠的作者描绘成温暖的摇篮,须知很多时候,那也可能是座用偏见构建的坟场。我有远不止一篇东西沉没于不同的编辑部,再无消息。

　　有了这次经历,克芹老师再告诉我,他推荐我的小说进入作家出版社的"文学新星"丛书时,我不抱什么希望。但为了不拂他的好意,也为了一点不肯熄灭的希望,把当时得以发表的小说汇集起来,寄给了他。没想到,这书真的得到了出版,而且,还意外地看到了他写在书前的序。其间,我们见过一面,但他并没有提起写序的事情。那次,是到西昌市参加一个他主持的省内文学会议,那个晚上,在晃晃荡荡的卧铺车厢里,他说了很多话。他一直在谈他构思中的短篇小说。这个谈到生活常常会陷入沉默的人,谈到工作时总有些无奈的人,这时却生动起来。直到今天,想起这个真心帮助过我的人,就是两个形象:一个是他在抽烟,再一个就是在谈自己小说时顿时生动起来。也许,我们的小说是不大一样的,我们对生活与文学的理解也不大一样,但这两个形象,可能也是我容易留给别人的印象。

这个逝于盛年的人,我并不常常想起他。想起他时,就想也要像他一样对待和帮助后进的作家。一起谈谈文学,感到无话可说的时候,就一起把脸藏在烟雾后面。但我承认,我没有做到。书里遇到的不算,克芹老师是我青年时代唯一遭逢的著名作家。但我去看他,只是要谈谈小说。他帮我出版了第一本小说,而我从来没有提过这样的要求。他替我写了序,我也没有提过这样的要求。我没有做到像他对待我那样对待后进的文学青年。不是说我没有遇到。我遇到过很多。只是今天的文学青年有些不一样了。如果有人找你,不是要跟你谈谈文学。大多数人都省掉这个环节,直接要你写序言,让你介绍出版。现在更直接了,序那么长的东西都不要了,就要腰封上那句表扬话,而那些表扬的话大多是过头的。现在这个社会有一种病,就是怕青年人不高兴。我也染了这种病。所以,我也写一些这类话,真诚的不到两三本,真想表扬的也就这两三本,其余都是扯淡。我不止一次检讨自己,警告自己在这些方面要检点。但是,警告总是不能奏效。即便如此,我在很多人眼中,还是一个很不通人情世故的人。前些日子,收到一个作者责怪我的短信,说从此不喜欢你了,你太骄傲了。其实我就是想对自己稍稍严格一点。一张嘴巴说话多少有人听时,还是稍稍把紧一点。这跟骄傲有什么关系呢?其实,骄傲一点有什么不好呢?这样人至少可以有点自重,有点自尊。所以,今天来回忆自己第一本书的出版,其实就是回忆一个人,回忆一种风范,回忆一种文人之间互相交往的方式:不计功利,回味悠远。

克芹老师逝去后,又过了些年,一次在青城山下一个常开文学会的地方,午睡的时候,我梦见了他。他还是那副有些心事的样子,场所也很真实,就在房间外面的花坛旁边。我醒来,走到屋外,那花坛的青碧与梦中所见一模一样。我燃了一支烟,放在青草之上,一丛栀子花前,我自己也点了一支,烟雾升起来,模糊了视线。如果这算是一次祭奠,那也是唯一的一次。但这并不表示我不在怀念。我只是不愿仪式性地频频显现自己的此时与往事的关联。

《人间宋词》:"莽汉诗人"的另类词话

这本书在我意料之外。原来是一本读宋词的书。

他(李亚伟)自己读宋词的书,也是能够教人正确读宋词的书。一本书,说了十六个词人,讲解了十九首词,也就是十九篇文章。每篇文章分两部分:词人与他的时代,或者说,他的人生际遇,这是前一部分;第二部分,才是对一首词旁征博引、鞭辟入里的赏析。内文如此整饬不算,还自己写了前言后记。

前言与后记都意在梳理宋词之所以成为宋词,只不过,前言着重于词人与时代的关系,后记更偏向于词这种诗歌体裁的流变与发展。我用很短的时间读完了这本书,一旦开了头就放不下来了。

读完了,想打电话给《人间宋词》的编辑马松,说,书好,但文章就不要写了。却又因为读了感觉好,好得不得了,就先写了。

想写了再打电话，说不用放在这本书里，但可以作为一篇书评，算是对一本好书的呼应与鼓吹就可以了。

怎么个好呢？李亚伟自己在书中说："我还希望通过翻译和全面细读的互相映衬，打开这些作品的每一句，擦亮其中的每一个字，让读者能够仔细感受宋朝社会的细腻美感和宋朝人间的情感心声。"这本书的好，就数这个"打开这些作品的每一句"和"擦亮其中的每一个字"做得最好。怎么个好？举例就好。

析范仲淹《渔家傲》"千嶂里，长烟落日孤城闭"句，上来就先说来由，或者是对前人在此题材书写上的继承：

> 这里借用了两个前人的东西：王之涣《凉州词》"一片孤城万仞山"及王维诗句"大漠孤烟直，长河落日圆"。"千嶂里"比"万仞山"要弱，"长烟"也绝对赶不上"孤烟直"，作者在这里有点知识分子气，前贤的身影在心中太重，独创的劲头就有点欠佳，幸好"孤城"之后来了个"闭"字，才算没掉链子。可见，写诗时模仿和借用前人佳句多数时候是费力不讨好的。

这就是"打开"句子。不好在哪里，可能的好又在哪里，说得再明白不过。但这不是想说明白就能说明白的，对用典，要梳理，要比较。

这要知识，读书要多要细。这样的学问，大概好些讲诗歌的教授副教授都有。但更重要的是，要有敏锐的语感，有写作的体验。李亚伟运用了他的体验，不然，关于所用的那个"闭"字的高妙之处，就讲不出来。我也读过些诗话词话或流行的赏析之类，这样的意思，就没见人讲出来过。不是写作经验丰富的诗人讲不出来，诗写不好的诗人也讲不出来。接下来，他"擦亮"字或词：

但其实，作者自有其高明之处，"长"字整合了我们的视觉，延伸了边塞的宽阔感，"落"和"孤"整合了我们的感受，来了一把荒凉；接下去的"孤城闭"，使画面美丽而又危险，至少你会感到当时边境的生态艰危和局势的紧张。

写词挪用前人佳句，也是用典，在宋代最流行，但在我个人的评判里，大都不是好玩的。范先生用一"闭"字压住结尾，成了！不但算得上名句，还可和他的前辈们的"偶像句"并驾齐驱。

写了一半作者还没出现，范仲淹没有展示自己。他用远景中紧闭的城门把我们关在了诗外。不过，他现在已经告诉了我们，他就在你远眺的那座孤城里。

"闭"！"孤城闭"！"长烟落日孤城闭"！如此这般，这个"闭"字被擦亮了！在长河落日中闪闪发光！

要能"打开"和"擦亮"，光知道典的出处，光有诗人的对语言的敏感还不够。这两者之前，还要有一个底子，叫作知人论世。

诗是某个人写的，某个人是生活在某个时代的，个人的际遇与那个时代是有着种种奇妙关联的。所有这些，都决定了一个人对诗歌的态度，也决定了他的诗对世界会如何感触，如何表达，在哪里敏感，在哪里麻木。某个人的某首诗（词也是诗），更有彼时彼地的规定情境。通常的古诗文解读，也介绍时代背景和个人生平什么的，但常常说不清跟一个具体的作品如何发生关联，怎么样发生关联。

李亚伟在这方面下了功夫。

他在每一首词的解读之前，都有三四页文字梳理写作者生平行状。但这不是通常可以编到人物词典或百度百科里的那种万用小传，而是侧重和所要解读的那个具体作品的关联。范仲淹这样丰富的人，可写处多了。但他选取的只是"浊酒一杯家万里，燕然未勒归无计"的范仲淹，"白发将军"范仲淹。读了他写的范氏小传，那首《渔家傲》已解开了多半。

这个优点，在写苏东坡和李清照时得到更好的表现。入选本书的宋代词人都是一人一首，苏东坡和李清照是一人两首。

但他没有用一个小传带两首作品，而是分别写了两个小传。不是文学教科书中那种了无生气的简历，而是与所要呈现的作品互相映照、互相生发的诗传。我的体会，范仲淹以后，此类题材在宋词中还有人接踵而至。"醉里挑灯看剑，梦回吹角连营"的辛弃疾，"关河梦断何处，尘暗旧貂裘"的陆游。

一条日益开阔的语言大河李亚伟也说到了，范仲淹在这个领域是开拓性的，把"小词"壮大了，可以恣意书写雄浑的边塞，可以书写金戈铁马中的雄心壮志与更深重的征夫的泪与血了。从而接续上了唐诗的传统，接上了高适，接上了岑参。当然，还接上了王昌龄。这个接续非常重要。接续，然后探索，然后发展，然后流变，然后成熟。

写了《初唐诗》和《盛唐诗》的美国人宇文所安说过这样的话："文学史最重要的作用，在于理解变化中的文学实践，把当时的文学实践作为理解名家的语境。"他还说："好的文学史总是回到诗作本身，让我们清楚看到诗人笔下那些令人讶异的、优美的、大胆的创造。"这也是李亚伟这本书又一个好处。

我们看到过的很多这类书的一个最大问题就是：编撰者把不同的诗人和诗作集合在一本书里，却不能把它们看成一支有组织的语言大军。有人是将军，有人是战士，有人是开创一方新天地的先生，还有人是后继而起的揣着犯上之心的学生。

无论如何，那是一支前仆后继的队伍在开疆拓土，奋勇前进。李亚伟这本书不是这种夫子曰，不屑于写百度百科，他从每一朵浪花、每一个漩涡中看到一条河，一条日益开阔浩荡的语言的大河。对汉语这条大河来说，对中文这条大河来说，历史、政论、散文、笔记、小说，林林总总，都使其深沉，使其广大，但诗歌，从《诗经》开始，至少到宋词，都是它的中流，它的高音部。"汉之广矣，不可泳思。"不是《诗经》里从陕西流到湖北的汉水之广，而是汉语河的深与广了。

李亚伟写每一首词，都兼顾到这条大河的来处与去处，向来处回溯，向去处展望。比如写苏东坡词时顺手就勾勒了宋词的流变：

> 晏殊、张先、欧阳修等人的创作是宋词的第一阶段，可算是五代"花间"向新词的过渡，但他们基本上还没放下诗人的架子变成词人；柳永虽说和晏殊、张先等是同辈人，但由于他走的是民间路线，在主流社会影响缓慢，其实，他从现实生活入手，已经开创了词的新格局，为宋词的发展奠定了坚实的基础；之后，苏轼以士大夫面目出现，又把词的地位提到了新的高度。柳、苏二人，算是宋词发展的第二波，而且，由于二人风格迥异，成就高，影响又极大，造就了北宋词坛千姿百态、竞相发展的繁荣局面。

> 刘熙载《艺概》中说："东坡词颇似老杜诗，以其无意

不可入,无事不可言也。"苏轼以文入词、以诗为词等多种艺术探索,实际上解开了宋代文人对于新词的心结,治愈了唐诗向宋词过渡的主要疑难杂症,也揭下了文人们对文学体裁贵贱之忧的面具。他对词的全面改革,推翻了词为"艳科"、词为音乐附属品的传统格局。宋词,终于走在了文学的大道上。

看多了没有见识的文字,我们应该欢迎这样的文字,就像看惯了没有身世之感、没有家国之感的感时伤怀的冒牌文学,我读李亚伟总题为《红色岁月》的十八首诗而感到的鼓舞一样。他还有很多随处生发的见识也是我喜欢的。

比如他说:"我一直认为,诗歌没有豪放和婉约之分,只有好与不好之别。"这样的话有很多,例就不再举了,让读者自己去发现。读完这本即将出版的书,又忍不住翻了他以前的诗来读。二十岁出头时写的诗,比如《中文系》和《苏东坡和他的朋友们》。

年轻时,对中文系的教学方法不满,现在,他在这本书里把那些不好的东西纠正过来。解构与建构,正是人精神生活的一体两面,是审美力的提升与扩展。我们要有说什么是"不是"的勇气,更需要说什么是"是"的能力。

哈罗德·布鲁姆在《史诗》一书的前言中说:"我把文学

批评的功能多半看作鉴赏……融合分析与评估。"这本书从始至终,都是这么做的,一边分析,一边评估。从这个意义上看,这也是一种贴骨头贴肉的文学批评。《人间宋词》,人间百味,随性发声,协律而歌,随情参差。

这就是我读到的《人间宋词》。

还得再说一句,关于本书的选目:选宋江,我有意见;不选陆游,我也有意见。